어쨌든 즐겁게 살겠습니다

어쨌든 즐겁게 살겠습니다

초판 1쇄 발행 2025년 11월 3일

지은이 손수진

펴낸곳 컨텐츠조우 펴낸이 최재용
전화 02)310-9775 **팩스** 02)310-9772 **전자우편** jowoocnc@gmail.com
주소 경상북도 김천시 어모면 산업단지 4로 113-5
출판등록 2018년 3월 29일 제 25100-2018-000025호

© SON, SUJIN 2025, Printed in Korea

ISBN 979-11-91173-11-6 03810

*책값은 뒤표지에 있습니다.
*잘못된 책은 바꾸어 드립니다.
*이 책의 내용은 저작권법의 보호를 받습니다. 무단 전재와 복제를 금합니다.

어쨌든 즐겁게 살겠습니다

손수진 지음

컨텐츠조우

들어가는 말

에티오피아 비행기가 공항을 이륙했다. 사하라 사막의 건조하고 뜨거운 회색빛 땅이 보이지 않을 때까지 창밖을 내려다보았다. 다시 이곳에 올 수 있을까? 그동안 모든 감정이 소진되었는지 의외로 담담했다. 전 재산처럼 느껴졌던 캐리어도, 분신처럼 품고 다녔던 여권도 당분간은 쓸 일이 없을 것이다. 여권을 펼쳐보니, 만료일까지 3년 정도 남았다.

지난 12년 동안 나는 아프가니스탄을 비롯해 아시아와 아프리카를 돌아다녔다. 더 나은 세상을 만드는데 보탬이 되고자, 서른 중반부터 사십 대를 개발협력 현장에서 보냈다. 처음 아프가니스탄으로 떠날 준비를 하던 그 시절, 유언장도 써보았다. 테러가 자주 발생하는 지역이라, 어떤 일을 만날는지 알 수 없었기 때문이다. 십여 년 남짓 공무원 생활로 얼마 되지 않는 예금과 증여에 관한 사항 등 몇 가지를 후들거리며 기록했던 적도 있었다. 안정된 공무원 생활을 접고 새로운 길에 나서자, 내 선택을 응원해 주는 이는 많지 않았다. 두려웠지만 용기를 내어 떠났다. 인천공항을 출발해 여러 번 비행기와 버스로 갈아타야 하는 길고 험난한 여정이었지만, 막상 비행기가 이륙하자, 내 삶의 새로운 지평이 열릴 것 같은 기대감에 가슴이 벅차오르기도 했었다.

성경에는 예수의 수제자 베드로가 닭 울음소리를 듣고 통곡하는 장면이 나온다. 하루 전만 해도 스승을 절대 버리지 않겠노라 호언장담했던 그에게, 예수는 이렇게 말했다.

"닭 울기 전에 네가 나를 세 번 부인할 것이다".

예수가 체포되자, 스승의 예언처럼 베드로는 그를 모른다고 세 번 부인했고 곧 닭이 울었다. 그가 통곡한 이유는 단순히 스승을 배신했다는 죄책감이나 자괴감 때문만은 아니었을 것이다. 새로운 세상을 꿈꾸며 보냈던 지난 세월과 예수에게 걸었던 마지막 희망이 산산이 부서지며 좌절과 허탈, 수치와 공포가 가슴을 찢는 울음으로 터져 나왔을 것이다.

베드로처럼, 내 안에서도 한동안 주체할 수 없는 통곡이 터져 나왔다. 그동안 켜켜이 쌓여 있던 감정들이 화산처럼 분출했다.

지난 12년간 해외에서 쏟아부은 열정과 헌신은 허탈감으로 되돌아왔고, 조직체계의 견고한 벽 앞에서 나의 신념과 신앙은 초라해졌다. 좌절과 실패감을 안고 고향으로 돌아 온 내 앞에는, 이제 막 알츠하이머 판정을 받은, 어느덧 여든을 넘긴 엄마가 기다리고 있었다.

이제는 더 이상 워크퍼밋이나 비자를 받기 위해 애쓸 필요도 없고, 재계약 문제로 압박해오는 정부에 시달릴 일도 없었다. 일주일에 두세 번씩 사고를 치던 직원도, 끊임없이 무언가를 요구하던 마을 지도자도 없었다. 대신 북새

통의 사무실은, 고요하고 적막한 집으로 바뀌었다. 수십 명의 직원들에게 마인드 교육과 테크닉 교육을 하는 대신, 엄마를 위한 인지 교육을 해야 했다. 한국어, 영어, 현지어를 구사하는 대신 엄마와 함께 '연분홍 치마' 노래를 부르며 시간을 보냈고, 학교를 짓고, 우물을 개발하고, 보건소를 운영하던 프로그램은 엄마를 위한 놀이치료 프로그램으로 대체되었다. 마을의 소득증대를 위해 콩농사를 논의하는 대신, 엄마의 입맛을 돋우기 위해 하루 세 끼의 식단을 고민해야 했다.

통곡의 어두운 터널을 지나왔지만, 금세 훌훌 털고 일어설 수는 없었다. 늘 그렇듯, 삶의 문제는 단번에 해결되지 않는다. 엄마를 간병한 지 얼마 지나지 않아, 갱년기와 화병, 공황 증세가 연이어 밀려왔다. 현실의 고통 속에서, 그동안 내 안에서 해결되지 못한 채 잠들어 있던 상처들이 수면 위로 하나씩 계속 떠올랐던 것이다.

생각해 보면, 나는 직면하는 것을 두려워했던 것 같다.

문제가 생기면 회피하거나 떠나는 것을 선택했다. 하지만 간병이라는 것은 피할 수 없는 막다른 골목이었고 누구도 대신해 줄 수 없는 현실 앞에서, 나는 직면하고 받아들이는 법을 배워야 했다. 그 쉽지 않은 배움의 시간을 통과하며 부서진 자리에서 나를 새롭게 세워갔다. 상처는 희망을 가져다 주었다. 나 자신을 제대로 마주한 시간들이 준 선물이었다.

목차

들어가는 말 4

아프리카를 떠나 고향집으로 10 / 익숙한 듯 낯선 한국적응기 16 / 한국의 역문화 충격 20 / 세월의 냄새가 스며있는 도서관 24 / 나의 첫 직장, 사회복지 공무원 29 / 등짝이 불타오르네 33 / 삐뚤어져 버릴 테야 38 / 엄마를 통해 나를 보다 43 / 죽을까봐 죽을 것 같은 공황증상 48 / 엄마의 달라진 일상생활 55 / 나의 만학도 제자 62 / 슬기로운 코로나 생활 69 / 패밀리 미팅하던 날 75 / 내 인생의 멘토였던 언니 81 / 행복하지 못할 이유가 없다 88 / 100점 짜리 엄마 93 / 뜻밖의 선물 102 / 빨간 스마일 저금통 107 / 내 안의 어린아이를 만나다 115 / 나의 만만한 실험대상자 118 / 누구나 묵묵히 버텨야 하는 때가 온다 125 / 다시 찾은 추억의 교회 131 / 혼자 묶여 있는 작은 새 137 / 노마드와 정착민 148 / 나를 치유한 구호현장 152 / 내가 가면, 그게 길이 된다 158 / 괜찮아, 이건 문제도 아니야 166 / 피눈물 나는 미용사 도전기 172 / 낡아질수록 새로워지는 것들 181 / 우리 요양보호사 선생님 185 / 딸기 생크림 케이크와 국밥 192 / 마지막을 어떻게 풀어낼지 소망을 가져라 198 / 잃고 나서야 깨닫는 것들 204 / 미용봉사 하는 날 209 / 감동을 주는 뜻밖의 친절 214 / 기억은 과거를 왜곡한다 219 / 사전연명의료의향서 작성하던 날 225 / 따뜻한 말 한마디가 옳은 말을 이긴다 230 / 러닝(Running)을 아니 러닝(Learning)이 된다 236 / 엄마의 오래된 발톱무좀 241 / 나의 카리스마 요가 선생님 245 / 개발협력 프리랜서 253 / 일상은 생각보다 다채롭다 258

감사하며 265

아프리카를 떠나 고향집으로

직원들의 배웅을 뒤로하고, 건축한 지 얼마 되지 않은 아담하고 깔끔한 은자메나 공항 안으로 들어섰다. 처음 이곳에 도착했을 때, 불어와 아랍어를 몰라 이민국에서 애를 먹었던 기억이 떠올랐다. 서류에 문제가 있다며 통과를 막던 그들에게 영어를 할 줄 아는 사람 없냐고 소리쳤던 일이 새삼스럽다.

차드를 떠나 아디스아바바 환승 비행기에 오르자마자 레드와인 한 잔을 마시고는 그대로 곯아떨어졌다. 그동안의 일을 다 잊고 싶었던지.

"찐아, 아무래도 엄마가 좀 이상하다."

아프리카 차드에서 여느 날과 다름없이, 더운 바람만 일으키는 선풍기를 의지한 채 일하고 있을 때였다. 한국에서 한 통의 전화가 걸려왔다. 서울에서 고등학교 교사로 일하는 언니였다. 고생하는 동생을 안심시키려 애쓰는 것이 느껴졌다. 40도가 넘는 날씨에 몸과 마음이 닭백숙처럼 푹 익어가던 나는, 이 한 통의 전화로 인해 그대로 굳어버렸다.

나는 원래 충격적인 장면을 보거나 들어도 반응이 금방 나타나지 않는다. 고속도로 터널 안에서 안전거리 미확보로 앞 트럭을 들이받았을 때도, 아프가니스탄에서 폭탄이 터져 천지가 울리고 숙소 유리창이 깨졌을 때도 비현실적으로 느껴져 우선 얼어붙는다. 시간이 조금 지나야 현실감각이 되살아나면서 비로소 몸이 반응한다. 언니를 통해 전해 들은 엄마의 소식은, 나를 한참 넋이 나가게 만들었다.

지난 봄 한국에 갔을 때, 엄마가 그러셨다.

"아끼는 내복 다 태워뿟따. 빨래 삶고 있는데 교회 친구가 전화해서 오래 얘기하는 통에."
"물이 다 쫄아들면 냄새가 났을 텐데, 우째 태울 때까지

몰랐노?" (나중에 안 사실인데, 치매는 후각을 저하시킨다)

새까맣게 탄 연기로 눈이 따가워지고 나서야 엄마는 가스레인지를 껐다고 한다. 뒤늦게 소방차까지 출동했다 그냥 돌아간 사실을 알고는, 창피해서 바깥에 나갈 수 없었다고 했다. 자칫 큰 사고로 이어질 뻔했지만, 나도 국을 끓이다 태운 적이 있어 크게 염려하지 않았다. 대신 혹시나 하는 마음에 자동잠금 가스밸브를 사서, 20분이 지나면 자동으로 꺼지도록 설정했다.

그 사건 이후, 엄마는 보건소에서 인지검사를 받았다.

"글씨체가 너무 좋네요. 할머니는 절대 치매 안 걸리실 거예요."

검사한 직원이 엄청 칭찬했다고 한다. 당연하지! 엄마는 매일 성경책을 읽고, 손으로 필사까지 했다. 가계부도 평생 일기처럼 써왔다. 그래서 우리 자녀들은 안심했는지도 모른다.

엄마는 방학을 맞은 언니와 함께 병원에서 뇌 촬영과 인지검사를 받았고, 결국 알츠하이머 초기라는 진단이 나왔다. 언니는 한동안 엄마를 돌보다가 개학 직전에 다시 서울로 올라갔다. 약 복용법을 상세히 써놓고, 아침 약과 저녁 약을 구분해서 테이프로 붙여두어 혼자서도 약을 복용할 수 있게 해두었지만 다음 날, 엄마는 탈이 나고 말았다. 약이 강했던 건지, 정신이 없어서 두 번 연달아 드신 건지 알 수 없었다. 다행히 같은 아파트에 사는 교회 교인과 간호사인 후배가 달려와 간병해 주었다. 언니는 주말마다 내려와 엄마를 보살펴야 했다.

한 달 후, 나는 12년 동안 일해온 단체를 사직했다. 휴직도 권유받았지만, 기관 내부의 일들로 마음이 피폐해졌고 무엇보다 엄마의 병은 금방 끝날 문제가 아니었다.

집에 도착하니, 엄마는 약 후유증으로 그동안 죽으로만 끼니를 때우며 누워 있었다. 알츠하이머 약은 속이 메스꺼워지거나 다른 부작용이 나타날 수 있어 적응시간이 필요하다. 다음 날 의사에게 증상을 말했더니 가장 낮은 단계의 약으로 바꾸어 주었다.

"엄마의 증세는 하루아침에 나타난 게 아닙니다. 오랜 세월에 걸쳐 진행된 것일 텐데 가족이 함께 있지 않아서 몰랐던 것이지요." 모니터를 쳐다보면서 의사가 덧붙여 말했다.

사실 빨래를 태우기 전부터 엄마는 은행 카드를 자주 잃어버렸고, 같은 물건을 반복해서 사오는 일도 잦았다. 앨범 세 권에 들어있던 사진을, 몇 장만 남기고는 전부 찢어버린 일도 있었다. 그토록 사진을 좋아했던 엄마의 달라진 모습에 우리 삼남매는 기겁을 했다. 사진은 언제, 어디서, 누구와 함께 있었는지 존재를 증명해주는 추억의 선물이다. 엄마는 더이상 추억하고 싶지 않은 걸까? 아니면, 추억이 사라지고 있는 것일까? 왜 찢었냐고 묻자, 엄마는 아무렇지 않게 말씀하셨다.

"오늘 죽을지 내일 죽을지 모르는데 그게 뭐가 필요하노?"

그동안 죽으로만 끼니를 때운 엄마를 위해 마트에서 전복과 갈치, 채소와 과일을 사와 밥상을 차렸다. 나의 새로운 일상이 시작되고 있었다.

인생 그래프를 그려보면 누구에게나 바닥을 치는 시기가 있다. 나에게는 어린 시절 아버지의 암 투병과 죽음이 인생의 첫 번째 바닥이었다. 두 번째는 아프가니스탄에서 연이어 겪은 말라리아와 담석 수술, 봉사단원의 죽음, 그리고 한국인 피랍 사선으로 인해 공관을 제외하고 모든 한국인들의 강제 철수였다. 그리고 지금이 세 번째 시기에 접어든 것 같아 숨이 막혀왔다.

익숙한 듯 낯선 한국적응기

아프리카 사하라 사막의 더위만큼 대프리카의 무더위도 만만치 않다. 고온 건조한 더위와 후덥지근한 더위 중 어느 쪽이 더 나을까? 사람마다 의견은 다르겠지만, 둘 다 고통스럽기는 마찬가지다. 건조한 더위는 눈물과 땀을 포함해 몸의 습기를 모조리 빨아들이고, 호흡마저 메마르게 만든다. 얼굴엔 주름이 자글자글해지고, 발뒤꿈치는 가뭄에 갈라진 논바닥처럼 쩍쩍 갈라져 밤마다 바셀린을 듬뿍 발라야 한다. 반면, 후덥지근한 더위는 옷이 몸에 척척 달라붙고, 불쾌한 끈적임은 물론 몸까지 축 늘어져 에너지를 금세 소진시킨다.

여름의 막바지에 귀국했지만, 이미 가을로 접어든 계절임에도 숨쉬기조차 힘들 만큼 더웠다. 뉴스에서는 올여름이 기록적인 더위라고 했다. 밤마다 들려오는 귀뚜라미 소리가 조금만 더 참으면 곧 끝난다며 위로하는 듯했다.

귀국해서 정신을 차려보니, 나는 유랑민에서 정착민으로, 직장인에서 무직자로 신분이 바뀌어 있었다. 그 사실을 국민연금과 건강보험이 가장 먼저 친절하게 알려주었다. 지역 가입자라는 것은 직장이라는 울타리에서 떨어져 나와 이제 세상에 홀로 섰으니, 최소한의 안전망이라도 빨리 만들라는 의미인 것 같아 웬지 씁쓸하고 서글펐다.

최소한의 문화생활을 위해 집에 인터넷을 설치하고, 중지했던 핸드폰도 다시 연결했다. 수입은 없는데도 지출은 점점 늘어났다.

엄마는 제철채소와 과일, 생선 등 단백질과 비타민이 든 음식을 골고루 섭취한 덕분인지, 이제는 혼자 일어나 화초에 물도 줄 만큼 회복되었다. 약도 아침 저녁 규칙적으로 복용하면서 적응이 되어갔다. 약은 알츠하이머, 소화제, 뇌영양제로 구성되어 있는데, 알츠하이머 약은 아침에만 들어 있다. 식사 후 약을 먹으면 한동안 기운이 없다가 점심 이후에야 조금씩 활력을 되찾았다. 규칙적으로 약을 복용하지만, 그래도 병은 조금씩 진행되고 있었다. 감정 기복이 심할 때는 울다가 우울했다가, 별일 아닌 일에도 화를 벌컥 냈다. 한번은 엄마가 건넨 사탕을 안 받았더니 대뜸 무시하냐고 했다. 또 누군가 자꾸 자기 서랍을 건드린다고 의심하거나, 혼자 잘 살았는데 니가 나타나서 불편하다고도 했다. 이런 일반적인 알츠하이머 증상들이 나타날 때는, 사실을 말하거나 옳은 소리보다는 그냥 공감하고 받아주는 게 좋다고 한다. 하지만 어느 날은 기어이 눈물을 보이고 말았다. 그날, 엄마는 정신이 맑았는지 이렇게 말했다.

"내가 이런 병에 걸렸으니 우짜겠노? 니가 좀 고생하다가 정 안되면 요양원에 보내든지 해라."

담담하게 말하는 모습이 더욱 슬퍼 눈물이 왈칵 쏟아졌다. 얼른 옆방으로 피했는데도 엄마는 내 얼굴을 살피면서 "울었제? 눈이 부어 보이네."라며 걱정했다. 책으로 알츠하이머에 관한 공부를 하고 있지만, 처음 겪는 일이라 슬프고도 두려웠다.

저녁에 엄마가 주무시고나면 집 근처 강변공원으로 나가 열심히 뛰었다. 달리며 숨을 가쁘게 내쉬다 보면 어느새 울분이 터져나와 통곡으로 이어지곤 했다. 사직의 후유증 때문인지, 인생이 슬퍼서인지, 아니면 그동안 엄마를 혼자 둔 죄책감 때문인지...

국제개발, 구호활동, 세계평화도 중요하지만 가정의 평화 없이 그게 무슨 소용인가? 그 동안 나는 무엇을 위해 살아왔던가? 아프리카 시골마을에서 마사이족과 함께 콩을 심고 있을 때, 엄마는 새하얀 머리에 꼬부랑 할머니가 되었고, 아이들을 위해 학교를 짓던 그 무렵, 엄마의 알츠하이머 증세가 시작되었는지도 모른다. 엄마의 병 때문에 가슴 아프고, 엄마를 홀로 둔 죄책감에디 나 역시도 노후에 이렇게 될지도 모른다는 생각에 마음이 무너져 내렸다. 불행이 눈앞에 다가와 나를 뚫어지게 쳐다보고 있었다.

한국의 역문화 충격

엄마를 간병하는 것도 쉽지 않지만, 한국에서의 역문화 충격 또한 만만치 않았다. '대체 얼마나 오래 있었길래?' 라고 반문하는 사람도 있겠지만 해외에서 돌아와 보니, 한국은 어느새 최첨단이 되어 있었다. 식당에 가면 키오스크에서 직접 주문을 해야 했고, 서빙 로봇들이 음식을 나르고 있었다. 나처럼 노안이 있는 사람에게는 이마저도 쉽지 않았다. 한 번은 무인 판매점인 줄 모르고 아이스크림 사러 들어갔다가 아무도 없어 몇 번이나 주인을 불러보다 그냥 나온 적도 있었다.

집 앞에 서브웨이가 생겼길래 아무 생각 없이 들어가서 매장에 붙은 사진을 가리키며 "저거 하나 주세요." 했다. 알바생은 주문 순서가 적힌 안내판을 가리키며 이 순서대로 하면 된다고 했다. 눈도 침침하고 읽어도 도무지 알 수가 없어서 그냥 미소 지으며 알아서 달라고 했다. 다 잘 먹는다며. 그런데도 알바생은 나를 따라 미소 지으며 정해진

순서대로 하라고 했다. 알고 봤더니 어마무시한 과정이 기다리고 있었다. 빵 사이즈와 빵 종류, 야채, 토핑, 소스 등을 직원이 묻고 그 물음에 따라 선택해야 먹을 수 있는, 내가 아주 질색하고 골치 아픈 곳에 들어왔던 것이다. 그냥 나가려다가 에라 모르겠다 싶어 그냥 조금씩 다 넣으라고 했다. 겨우 결제하는 곳까지 이르자 진땀이 났다. 이 가게 이름처럼 지하철을 이용하듯, 얼른 주문해서 후다닥 먹고 가는줄 알았다가, 복잡다단한 과정을 거쳐야 겨우 먹을 수 있었다. 패스트푸드인데 단순하고 빠른 요즘 트렌드와 역행하는 이유는 무엇일까? 고객의 다양한 입맛을 맞추어 만족도를 높이려는 차별화 전략으로 보인다. 하지만 노인들은 도대체 어떻게 주문하란 말인가? 나처럼 선택장애가 있는 사람은 또 어떻고? 한 번 갔다가 식겁하고는 다시는 가지 않았다. 나랑 너무 안 맞아!

한국에서는 소통도 쉽지 않았다. 해외에서는 누구나 겪는 현지생활의 어려움이 공통의 고민이라, 대화가 어렵지 않았다. 남녀노소를 불문하고 외로움과 결핍, 고향에 대한 향수는 쉽게 공감과 친밀감을 형성했다.

그러나 이곳은 공감대가 달랐다. 지인들의 대화 주제는 주식, 패션, 집, 자동차, 자녀 이야기가 대부분이라 공통된 주제나 공감할 수 있는 부분을 찾기가 어려웠다. 나는 현실 감각을 잃고 보편적인 능력을 상실한 듯, 그들의 대화를 멍하니 지켜보는 구경꾼이 되어 있었다. 이러니 그나마 있던 인간관계도 점점 멀어져 갔다.

가장 적응이 안 되는 것은 바로 호칭일 것이다. 다들 나를 이렇게 불렀다.

"어머니~"

처음엔 다른 사람을 부르는 줄 알고 주변을 두리번거렸다. '내가 어머니라고? 왜? 내가 지 낳은 것도 아닌데? 더구나 결혼한 적도 없는데? 나보다 나이도 그다지 적어 보이지도 않구만.'

마트에서 시식 코너 직원들이, 병원에서는 간호사가, 핸드폰 가게의 직원까지 한결같이 그렇게 불러제꼈다.

친구들에게 따져 물었더니 다들 웃으며 그냥 친밀한 표현이란다. 왜 처음 보는 사람과 친밀해야 되지? 난 굳이 친밀하지 않아도 된다. 그냥 상황에 맞게 고객님, 손님, 회원님 등으로 정확하게 불러줬으면 좋겠다. 아니, 요즘 싱글족이 얼마나 많은데, 나이 좀 들어 보인다고 무조건 아버님, 어머님이라고 부르냐? 상당히 실례되는 말이다. 한국 사회는 호칭에 심각한 문제가 있다. 제발 호칭 좀 바로잡아줘!

세월의 냄새가 스며있는 도서관

집에서 15분만 걸으면 공공도서관이 나온다. 30년 만에 다시 찾았더니, 건물 외관은 그대로였지만 실내는 마치 카페처럼 산뜻하게 리모델링되어 있었다. 자유석이라 더이상 번호표를 뽑아 줄을 설 필요도 없이, 원하는 자리에 앉을 수 있었다.

나는 도서관을 좋아한다. 특유의 분위기도 좋고 책장에 꽂힌 책들로부터 세월의 냄새가 나는 듯하고, 지적 희열뿐 아니라 안정감도 느낀다. 친근하고 익숙한 도서관을 둘러보니, 곳곳에 추억이 묻어 있었다. 중학교 때는 번호표를 뽑은 후, 현관 앞에 줄 서서 기다리다가 들어갔었고, 만석일 때는 몇 시간씩 지루하게 서서 기다리기도 했다. 고등학교 방학 기간에는 청소년실에 자리가 없어, 언니가 아침 일찍 줄을 서서 일반실 자리를 끊어주기도 했다.(울 언니는 늘 내게 헌신적이다)

언젠가 공부하다가 나도 모르게 깜빡 잠이 들었는데, 누군가가 나를 흔들어 깨웠다. 비몽사몽 눈을 떠보니 어떤 아저씨가 웃는 얼굴로 내려다보고 있었다. 자세히 보니 경비 아저씨였다. 문 닫을 시간까지 엎드려 잤나 보다. 마지막으로 소등하려고 방을 점검하다가 나를 발견한 것이었다. 깨워주지 않았더라면 나는 어두컴컴한 도서관에 갇혀 호러 영화의 주인공이 될 뻔했다. 그런데 내 주위에 앉아 있던 사람들은 진짜 너무했다. 문을 닫는다고 소리치든지, 꼬집든지, 등짝을 후려치든지 해서라도 좀 깨워주지. 인정머리 없는 것들!

대학 이후엔 이곳에 다시 올 일이 없을 줄 알았는데, 졸업 후 취업준비하느라 이곳에서 2년 동안 싱그럽고 꽃다운 청춘을 푸석푸석하고 누리 탱탱한 얼굴로 살았다. 오픈 시간부터 문 닫을 때까지 엉덩이 감각이 없어질 때까지 앉아 공무원 시험 준비를 했다. 점심때는 칙칙한 냄새가 나는 지하 식당에서 라면이나 우동으로 끼니를 때우고, 1층 자판기 커피를 마시면서 과연 이 사회가 나를 받아주기는 할까 생각하며 한숨을 푹푹 쉬기도 했었다.

　도서관을 둘러보니 1층에는 어린이 자료실이 있고, 2층에는 두 개의 큰 공간으로 나뉜 종합 자료실이 있다. 이곳에는 평생 읽어도 다 못 읽을 책들이 가득하다. 철학, 종교, 사회학, 자연과학, 예술, 언어, 자기 계발 등 다양한 분야의 책들이 마치 날 먼지 속에 방치하지 말고 빨리 데려가 달라며 아우성치는 듯했다. 이 책의 작가들은 혼신의 힘을 다해 자신의 지식과 경험을 쏟아냈을 것이다. 덕분에 우리는 그 책을 통해 시각을 넓히고, 삶의 정보를 얻고, 위로받고, 반성하고 성장한다.

　어느 유명인은 실직 후 3년 동안 책에 파묻혀 수백 권을 읽었더니 다시 일어설 힘이 생겨 성공 가도를 달렸다 했다. 성공 여부를 떠나, 나도 1년 100권 읽기에 도전해 봐야겠다. 한 달에 8~9권 정도 읽으면 가능할 것 같다.

　내가 독서를 좋아하는 건 엄마의 영향이다. 단칸방에서

잠자리에 들 때면 엄마는 늘 동화 한 편을 들려주었다. 수많은 전래동화는 엄마의 구연을 통해 새롭게 각색되기도 했다. 특히 '팥죽 주면 안 잡아먹지'라는 말로 유명한 팥죽 할머니와 호랑이 이야기, '늑대가 나타났다'고 거짓말한 양치기 소년 이야기는 아직도 생생하다.

엄마는 졸리면서도 내가 "그래서 그다음은?" 하고 계속 조르면, 원작이 끝난 후에도 각색해서 스토리를 이어가곤 했다. 엄마의 구연동화 덕분에 나는 문학적 상상력을 키울 수 있었고, 자연스럽게 책을 좋아하게 되었다. 또한 엄마는 시를 좋아해서 가끔 읊어주시기도 했는데, 그 덕분에 초등학교 저학년 때 이미 한용운의 '님의 침묵'이나 김소월의 '진달래꽃'을 외우고 있었다. 그래서인지 국어는 늘 성적이 좋았다. 엄마는 글씨체도 좋고 글도 잘 썼다. 대구 약전골목에서 '삼일등'(3.1운동의 무리란 뜻) 한약방을 운영했던 외할아버지가 문학을 좋아했고, 엄마는 어릴 때부터 외할아버지 곁에서 약방 조수 역할도 하면서 영향을 받았다.

대출카드를 신청하고 둘러보다가, 치매 도서 코너가 따로 마련되어 있는 걸 발견했다. 요즘 정말 심각한 문제이긴 한가 보다. 하긴, 대학친구 다섯 명 중 네 명의 부모가 치매를 앓고 있는 현실이다. 치매는 뇌의 문제라고 하지만, 단순히 하나의 원인이 아닌, 우울증, 외로움, 영양 결핍, 운동 부족, 환경오염 같은 복합적 요인이 조금씩 손상을 줬을 것이다.

책장에는 치료에 도움이 되는 요리 레시피, 간병과 대화법, 도움이 되는 운동법, 치매 부모를 둔 자녀들의 이야기까지 다양한 주제가 담겨 있었다. 복지 혜택을 다룬 책도 보여 놀이치료책, 치매에 좋은 레시피와 함께 빌려왔다. 앞으로 건강보험공단에 등급 신청하는 방법과 방문 요양보호사나 주간 보호센터 이용하는 방법도 하나씩 알아볼 생각이다. 나도 엄마도 새로운 길을 걸어가듯, 조금씩 천천히 해보면 된다. 혼자가 아니라 함께니까 할 수 있을 것이다.

나의 첫 직장, 사회복지 공무원

공무원을 사직하고 아프가니스탄에 봉사활동을 간다고 했을 때, 선배와 동기들은 미쳤다며 매일 전화를 걸어 내 정신상태를 체크했다. 봉사자로 선정되기 위해서는 두 명의 추천서가 반드시 필요했는데 아무도 써 주질 않았다. 가장 만만한 선배가 야근 중이라는 소식을 듣고 사무실에 쳐들어갔다. 무슨 좋은 일로 온 줄 알고 반갑게 맞아 주던 선배는 추천서를 내미니까 한순간 얼굴이 굳어졌다. 내가 대충 추천서를 써 놨으니 도장만 찍어 달라고 사정하자, 아직도 정신 못 차렸다며 혼쭐을 냈다. 그렇다고 그냥 돌아갈 내가 아니지. 서랍을 열어 도장을 꺼내 후다닥 찍고는, 걸음아 날 살려라 도망쳤다. 선배는 내 뒤통수에 대고 뭐라고 한참 고함을 쳤다. 고마운 선배였다. 그 일이 엊그제 같은데 벌써 이십 년이 지나 버렸다.

나의 첫 직장은 경북 의성의 어느 면사무소였다. 그 당시에는 사회복지직이 생기기 전이라 별정직으로 발령을 발령을 받았는데, 사회복지업무는 공무원들 사이에서 선호도가 낮았다. 게다가 사회복지 전공자를 선발해서 전담시키는 것을 이해하지 못하는 분위기였다. 나를 그다지 반기는 느낌도 아니어서 낯설고 서먹하기만 했다.

우선 배정받은 업무는 사회복지 전반에 관한 것이었다. 수급자 책정, 생활비와 의료비 지원, 노인 승차권 배분, 경로당 관리, 노인대학 운영, 장애인과 소년소녀가장 지원 등 다양했다. 지금은 생활비를 계좌로 이체하지만, 당시에는 양곡을 배분하던 터라 집집마다 쌀을 날라야 했다. 무더운 한여름날에는 힘에 부쳐 할머니 앞에서 뻗어버린 일도 있었다. 할머니는 미안해하면서 이것저것 먹을 것을 챙겨주기도 했다.

2년 정도 지나자 초년의 실수들이 조금씩 줄어들면서 여유가 생기기 시작했다. 술 취하면 사무실로 찾아와 의자를 던지며 행패 부리던 수급자 아저씨와 맞짱 뜨기도 했다. 맞으면 뼈도 못 추릴 거구의 아저씨였는데, 쪼그만 내가 겁대가리 없이 덤벼들었다. 그 일 후로 아저씨는 내 앞에서만은 온순해졌다.

 어느 날은 정신질환을 앓고 있는 아줌마가 빈집에서 출산했단 소식을 들었다. 정의감에 불탄 나는 갓난아기를 들쳐 업고, 그녀의 시댁으로 쳐들어가 시어머니와 대판 싸우기도 했다. 시어머니가 며느리를 쫓아낸 바람에, 아줌마는 인근의 폐가에서 두 딸과 함께 인간 이하의 삶을 살고있었던 것이다. 그 아기는 지금 성인이 되었을 것이다. 당시는 힘들었지만, 지금 생각해 보면 말할 수 없이 따스하고 그리운 날들이었다.

 공무원 사회에서 면장, 과장, 실장은 그야말로 가장 높은 지위다. 발령 동기들은 지금 그 '탑 포지션'을 찍고 있다. 그 말은 오래 일해서 정년퇴직이 얼마 남지 않았다는 뜻이기도 하다. 만약 내가 사직하지 않았다면 나도 그들 속에 있었을 것이다. 그들이 부럽거나 후회되지는 않나?

이런 생각을 해본 적은 있었다. 만약 사직하지 않았다면 그곳에서 누군가와 결혼했을 수도 있었고, 대구와 가까우니 엄마에게 자주 갔을 것이다. 그랬다면 엄마는 이 병에 걸리지 않았을지도 모른다. 만약 공무원 휴직하고 어학연수를 가지 않았더라면 해외에 나갈 엄두도 못 냈을 것이고 엄마를 가까이에서... 이처럼 '만약'이라는 생각은 끝없이 이어지며 자책과 후회의 감정을 불러일으켰다. '만약에 시나리오'는 문제를 풀어나가는데 아무런 도움이 되지 않았다.

며칠 전 발령 동기에게서 20주년 모임에 관한 연락을 받았다. 한창 혈기왕성한 서른 중반에 헤어졌으니 지금은 많이 변했을 것이다. 새치 가득한 머리나 빈약한 앞머리, 혹은 요즘 잘 나오는 가발로 가리고 나올지도 모르겠다. 참 궁금하네! 조만간 그 높은 양반들께 연락 한번 해야겠다.

등짝이 불타오르네

말로만 들었는데, 내게도 벌써 이런 일이?

마트에서 장을 보고 있는데, 갑자기 등이 불에 덴 것처럼 화끈거렸다. 뜨거운 물건이나 히터가 주위에 있나 싶어 두리번거렸다. 온풍기 틀 때도 아닌데 왜 이렇게 더운 거지? 불길한 느낌이 스쳐 지나갔다. 얼마 전부터 가슴이 답답하고 턱턱 막히는 증세가 있어, 나도 모르게 자꾸 한숨을 쉬게 되었다. 심장에 문제가 생겼나? 그날 이후에도 뜨거운 불덩이가 가슴에서 머리 쪽으로 확~ 치솟아 오르다 식은땀이 나면서 사라지는 경험을 반복하게 되었다.

특이한 증상은 몇 년 전 케냐에서 일할 때부터 나타났다. 이유 없이 우울하고 만사가 시큰둥했다. 캄보니아의 무더위 속에서도 펄펄 날아다녔는데, 더운 지역에 비해 연중 선선한 나이로비에서 자꾸 활기를 잃어갔다. 대자연 속 사파리 투어나, 좋아하는 마사이족과 머리를 맞대고 사업을 논의할 때조차도 축축 처지는 기분은 계속되었다. 그러다가 몇 개월 후 폐경이 왔다. 완경이라고 표현하는 게 맞다지만 아무튼 폐경이든 완경이든 그 빌어먹을 생리가 멈춘 것이다. 생리할 때는 불편해서 빨리 없어졌으면 했는데, 막상 멈추니까 우울해졌다.

친한 선배에게 내 증상을 말했더니, 호르몬제를 먹으면 금방 괜찮아진다는 희소식을 알려줬다. 즉시, 동네 산부인과에 달려갔더니 몸에 결절이 있으면 처방이 어렵다고 했다. 난 가슴과 목에 작은 결절이 몇 개 있는데, 검사한 후 문제가 없다는 진단을 먼저 받아와야 한다는 것이다. 불쌍한 표정을 지으며 한 달분만 처방해 달라고 사정했지만, 젊고 독하게 생긴 여의사는 어림없다고 했다. 양태반주사가 호르몬에 좋다던데 그거라도 놔주면 안 되냐고 했더니 크게 도움이 안된다며, 다음 환자를 받기 위해 빨리 갔으면 하는 눈치였다.

'그래도 한방 놔주지, 지도 여자면서 참 인정머리 없네.

그래, 더러워서 안 한다, 그냥 이 악물고 견딜 테다. 다 뒤졌어!'

호르몬제 투여를 반대하는 의사들도 있었다. 어떤 한의사는 자연스러운 신체 반응에 따라야지, 강제로 약을 투여해서 자연의 순리를 거스르면 안 된다고 했다. 그러나 증상이 점점 심해져서 잠을 자꾸 설치게 되니 이 의사의 말을 따를 수가 없었다. '손데렐라'라는 별명이 있었을 정도로 11시만 되면 수면제 먹은 듯 곯아떨어졌던 내가 아니던가?

예전 직장에서, 회장님과 지부장들의 야간 미팅 때, 그 엄숙한 분위기에서도 꾸벅꾸벅 졸았다. (만약 일제강점기에 독립투사로 고문을 당한다면, 굶기는 고문은 참아도 수면 고문은 못 견뎌 다 불어버릴 것이다) 꿀잠 전문가가 불타는 가슴으로 숙면을 이루지 못하고 있는 것이다.

그래서 호르몬제와 비슷한 효과가 있다는 것들을 폭풍

검색했다. 중년의 유명 연예인이, 몇 달만 먹으면 호르몬이 샘솟는다고 광고하는 영양제를 사먹기도 했고, 붉은 석류즙도 혓바닥이 새빨개지도록 쪽쪽 빨아 마셨다. 이소플라본, 칡, 구기자, 시호차, 백수오궁, 양태반 등 국내외를 가리지 않고 사 먹었지만 미미한 효과만 있을 뿐이었다. TV 건강 프로그램, 유명 유튜브의 강의, 한약까지 돈, 시간, 에너지를 다 쏟아부었지만 고통은 여전했다.

갱년기는 다른 나쁜 친구들도 데려왔다. 골다공증, 방광염, 노안, 무릎통증, 그리고 피부 알레르기까지 연쇄반응을 일으켰다. 서러운 갱년기 인생이여~

취향도 달라졌다. 추위를 싫어하던 내가 겨울을 좋아하게 되었고, 뜨거운 커피나 짬뽕 대신 아이스 아메리카노, 냉면, 콩국수 같은 찬 음식을 즐기게 되었다. 몸을 따뜻하게 만들어야 건강에 좋은데, 자꾸 찬 걸 들이키니 위장도 탈이 났다.

유명 한의사를 찾아가니, 두 첩의 한약을 주면서, 3년이 지나면 많이 좋아질 거라며 그때까지 버티라고 했다.

"갱년기 증상은 겪을 만큼 다 겪어야 지나갑니다. 사춘기 증상도 시간이 지나면 좋아지듯 갱년기도 그래요."

엄마는 치매가 시작되었고 딸은 갱년기 증세가 시작되었다. 두 사람은 각자의 고통을 견디며, 한 걸음씩 인생의 고개를 넘고 있다.

삐뚤어져 버릴 테야

해외에서 근무할 때, 가끔 호텔에서 워크숍이나 컨퍼런스를 하는 경우가 있었다. 자유시간에 사람들이 호텔에 딸린 작은 수영장에서 즐겁게 수영하는 모습을 부럽게 바라봤다. 호텔 직원이 왜 수영 안 하냐고 해서 못 한다고 했더니, 잠깐 기다리라며 후다닥 뛰어갔다. 잠시 후 손에 무언가를 들고는 신나게 돌아왔다. 그는 꼬마들이 가지고 노는 알록달록 오리 모양의 튜브를 내밀며 천진난만한 미소를 지었다.

선배 언니와 함께 산토리니로 여행 갔을 때도 비슷한 일이 있었다. 보트 투어를 신청했는데 바다와 온천이 만나는 지점에서 수영하는 시간이 있어 큰 기대를 했다. 미리 수영복을 입고 오라고 해서 속에 수영복을 갖춰입고 갔다. 바닷가에서 수영하는 줄 알았더니, 보트 투어 중 바다 한가운데에서 뛰어내려 온천욕을 즐기는 것이었다. 다들 멋진 폼으로 바다에 첨벙 뛰어내렸다. 배에는 서양 할머니와 꼬마들 몇 명, 그리고 선배언니와 나만 남아 온천욕을 즐기는 그들을 우두커니 내려다보았다. 입고 간 수영복에 온천물 한 방울도 찍어보지 못한 체. 한국가면 기필코 수영만은 배우리라 결심했다.

　드디어 수영을 배우기 시작했다. 갱년기 치료에도 좋다고 했다. 하지만 초급반 수영코치가 아무리 가르쳐줘도 음파음파가 잘 안됐다. 내쉬고 들이쉬는 지극히 단순한 기본호흡이 왜 이렇게 어려운지. 편안하게 호흡하라는데 물속에서 어떻게 편안한 호흡이 가능한지 알다가도 모를 일이었다. 유튜브 보며 침대에 엎드려 팔과 다리를 휘저으며 맹연습을 해도, 막상 물에 들어가면 뇌신경과 몸신경이 따로 놀았다. 잘하려 애쓸수록 몸에 힘이 잔뜩 들어가 숨이 막혔고 집에 오면 녹초가 되었다.

　어제는 수영코치가 떡 벌어진 어깨로 멋지게 자유형을 선보이자 수강생들은 새끼물개처럼 쪼르르 잘도 따라했다. 나도 잘 해보려고 물속에 머리를 힘껏 쑤셔 넣다가 물을 한 바가지나 들이키고 말았다. 락스가 내 위장의 헬리코박터 균을 다 박멸했을지도 모른다. 결국 환갑이 지난 언니들과 함께 '꼴찌 3인방'에 등극해서 맨 끝줄이 지정석이 되었다.

한 달이 지나면 호흡 정도는 될 줄 알았는데 여전히 어려워 주말에도 나와서 연습했다. 옆라인의 일흔 살도 넘어 보이는 할머니는 다섯 바퀴를 쉬지 않고 돌고 있었다. 몸에 힘도 안 들이고 호흡마저 편안하게 보여 부럽게 쳐다보다가 약이 바짝 올랐다. 나의 강점인 '인내와 끈기'로 버티는 수밖에 없었다. 악착같이 반복 연습을 했다. 첨벙거리며 연습하는 나를 아까부터 애처롭게 주시하고 있던 할아버지가 보다 못해 한마디 했다.

"새댁, 홀몸도 아닌 것 같은데 좀 살살하지. 그러다 일 난다."

처음엔 다른 사람에게 말하는 줄 알았다가 나라는 것을

깨닫는 순간, 내 몸은 반사적으로 수영장 밖으로 뛰쳐나가고 말았다.

'망할 할배, 노안이 심하네.'

비슷한 일이 또 있었다. 도서관 가는 길에 교회에서 나온 몇 명의 여성들이 전도지를 나눠주고 있었다. 그냥 지나치려 했더니 그 중 가장 날쌘 사람이 다가와 "예수 믿으세요"라며 물티슈와 전도지를 건넸다. 받아서 지나가려는데, 내 배를 내려다보며 난데없이 이렇게 물었다.

"임신하신 거죠?"
"네? 뭐라구요?"
"아? 아니네요, 죄송합니다."

'썅~ 눈깔이 삐뚤어졌나? 감히 싱글한테 임신이라니.'라는 말이 목구멍까지 차올랐지만 그냥 쏘아보면서 지나쳤다. 요즘은 누구라도 건드리면 반쯤 죽여놓을 태세다.

사춘기와 맞짱 떠도 무조건 이긴다는 그 무서운 갱년기인데. 지난번 수영장 할배에 이어 교회 아줌마까지, 정말 열받아서 못 살겠다.

친구들에게 얘기했더니 다들 자지러지게 웃었다. 그래도 아직 '가임기 여성'으로 보였다는 것은 기쁜 일이며, 10년은 젊게 보인다는 의미니 좋게 생각하란다. 개뿔! 생각할수록 더 열받는다. 안 그래도 등짝이 불타고 있는 판에. 확, 삐뚤어져 버릴 테다!

사실 갱년기 증상이 시작되면서 살이 급속도로 찌기 시작했다. 식사량이 많지 않은데도 몸무게가 3개월 만에 6kg이나 늘었다. 생애 몸무게의 고점을 찍은 것이다. 살이 찌니 무릎도 슬슬 아파왔다. 목표를 세워야겠다. 1개월에 1kg씩 빼기, 도전!

엄마를 통해 나를 보다

언제부터였는지 잘 모르겠지만, 아마 직장생활을 시작한 뒤부터였을 것이다. 엄마를 향한 알 수 없는 분노가 차오르기 시작했다. 엄마를 보기만 해도 그냥 짜증이 났다. 정확히 말하자면, 엄마의 어떤 부분이 싫었던 것 같다. 어릴 때 엄마의 속을 한번도 안 썩인 착한 딸이었는데도 말이다.

해외에서 일할 때, 휴가차 오면 3일 정도 짧게 머물다 곧장 서울로 올라가곤 했다. 엄마가 교회에서 있었던 서운한 일들을 이야기하면, 나는 엄마의 잘잘못을 따져가며 훈계하듯 말했다. 엄마는 충고나 판단이 아니라, 그냥 들어주고 공감해주는 자기편이 필요했던 것인데, 난 옳고 그름만 따졌던 것이다.

엄마는 늘 외로워 보였다. 아버지가 돌아가신 후, 방에서 몰래 흐느끼던 엄마를 본 기억 때문일까. 지금은 편안한 노후를 보내고 있는데도, 혼자 살고 있는 엄마가 측은하게 느껴졌다. 엄마가 사람들과 잘 어울릴 때는 나도 기쁘고 안심이 됐지만 사람들과의 관계가 소원해지면 이상하게 화가 났다. 그럴 때면 엄마의 소극적인 성격을 탓하며 괜히 화를 내곤 했다. 외로운 엄마가 측은하면서도 동시에 화가 나는 이유는 뭘까?

뇌과학자 정재승 교수가 말했다.

"뇌는 나를 인지하는 영역과 타인을 인지하는 영역이 있는데, 가까운 사람일수록 이 두 영역이 가까이 붙어 있다."

이 말을 듣는 순간, 번개처럼 스쳐지나가는 깨달음이 있었다. 나는 엄마를 인지하는 영역에서 나를 인지하고 있었던 것이다. 그동안 나는 엄마를 통해 나를 보고 있었다. 엄마의 외로움이 나의 외로움과 닮았고, 나의 외로운 삶이 싫어 엄마의 외로움도 싫었나 보다. 엄마처럼 외롭게 늙어갈 수도 있다는 생각이 엄마와의 친밀감을 어렵게 만들었다.

엄마에 대한 이 불편한 감정은 엄마가 치매판정을 받으면서 눈 녹듯 사라졌다. 짜증 섞였던 말투는 어느새 나긋나긋해 졌다. 왜 이렇게 한순간에 변했을까? 그 해답을 '인생 수업'이라는 책에서 찾았다.

'죽음이 가까워진 사람을 볼 때, 우리는 더 이상 그의 실수나 잘못을 보지 않는다. 전에는 그것들이 그 사람으로 보였지만 이제는 오직 '그'만 보일 뿐이다.'

예전에는 엄마의 성격, 행동, 외로움이 엄마로 보였다면, 이제는 오직 '엄마'만 내 눈에 보인 것이다.

엄마와 함께 좋은 곳을 여행하고 유명 맛집에서 맛있는 음식을 먹으며 행복한 시간을 보내지 못한 것이 후회된다. 딸은 1년에 서너 번 비행기를 탔지만, 엄마는 해외여행은 커녕 제주도도 가보지 못했다. 예전에는 자식 뒷바라지 하느라 못 갔고, 지금은 거동이 불편해서 갈 수 없게 되었다. 어릴 적 엄마가 살았던 일본 오사카에 모시고 가지 못한 것도 통한으로 남는다.

얼마 전, TV에서 한 연예인이 엄마의 무덤 앞에 앉아 서럽게 우는 모습을 봤다. 다른 건 하나도 안 부러운데 엄마 있는 사람이 제일 부럽다며 중년의 여성이 아이처럼 목놓아 엄마를 부르던 장면에서 나도 따라 펑펑 울고 말았다. 엄마의 존재가 사라지고 나면 어떤 기분일까? 무조건적으로 내 편이 되어주는 사람이 사라져 버리는 것이리라. 웅얼웅얼 거리며 식사하는 모습도, 기역자로 굽은 허리로 걷는 서툰 걸음도, 고개를 조금씩 흔들며 화초에 물주는 모습도 모두 새로운 의미로 다가온다. 살아계셔서 다행이다. 세상에서 유일하게 전적으로 내 편인 사람이 엄마라는 존재다.

죽을까봐 죽을 것 같은 공황증상

교회 가려고 정류장에 서 있는데 배가 살살 아파왔다. 요즘 들어 자주 그랬다. 집에 있을 땐 괜찮은데 밖에만 나오면 이런 증상이 나타났다. 주변에 화장실을 찾다가 때마침 버스가 와서 그냥 올라탔다.

버스 안에서도 계속 배는 아팠고 15분이 150분처럼 여겨졌다. 버스에서 내리자마자 뛰었다. 하지만 교회 화장실은 안타깝게도 엘리베이터가 없는 건물의 3층에 있었다. 계단을 정신없이 뛰어올라 도착했는데, 화장실 문이 잠겨 있었다. 누군가 안에 있었다. 미치고 환장할 노릇이었지만 꾹 참고 1분 정도 기다렸다. 문이 열리자마자 뛰어 들어가 변기에 주저앉았다. 실수하지 않아 다행이었다.

그런데 몸이 자꾸 이상해졌다. 심호흡을 해도 숨이 가라앉질 않아 손을 뻗어 화장실 창문을 열었다. 차가운 공기를 마시면 괜찮아질 줄 알았는데, 현기증이 나면서 피가

거꾸로 솟는 것 같더니 눈앞이 캄캄해졌다.

'아, 이게 죽는 거구나.'

 순간 엄마가 떠올랐고 그다음 목사님이 생각났다. 그러곤 정신을 잃었다. 얼마나 시간이 지났을까? 깨어보니 화장실 바닥에 쓰러져 있었다. 기다시피 화장실 문을 열고 밖으로 나와 입구에서 또 쓰러졌다. 무언가 몸 밖으로 흘러나오는 느낌이 들었다. 얼마나 누워 있었는지 모르겠다. 시간이 지나자 조금 힘이 생겼다. 속옷이 젖어서 벗어야겠다며 다시 화장실로 들어갔다. 다행히 바지에는 묻지 않았다. 겨우 밖으로 나와 교회 사모님에게 상황을 설명하고 집에 데려다 달라고 부탁했다. 병원에 데려다 주겠다는 걸, 집에 누워있으면 괜찮을 거라고 했다. 하얗게 질린 얼굴로 집에 와 누웠는데, 정신없는 엄마는 중얼거리며 방을 왔다 갔다 했다. 몸이 안 좋아 자야 한다며 방에 오지 말라고 했다. 저녁에 잠깐 일어나서 엄마 식사를 차려드리고 다시 누웠다.

해외에서 가장 서러웠던 때는 혼자 아파서 끙끙댈 때였는데 지금은 그보다 더 서러운 상황이 되었다. 아픈데도 불구하고 더 아픈 사람을 돌봐야 한다는 것이다. 혼자서 누군가를 보살피는 일이 얼마나 서럽고 고통스러운일인지 경험하지 않고서는 모른다. 혼자 아이를 키우는 사람, 혼자 장애인을 돌보는 사람, 혼자 간병하는 사람... 하나님은 분명히 그들을 지켜보고 계실 것이다. 그들의 눈물과 외로움, 지치고 고된 마음을 깊이 어루만져 주시길 기도할 뿐이다.

다음 날 대형병원 심장내과를 찾았다. 예약했는데도 1시간이나 기다려 겨우 의사를 만났다. 병원 홈페이지를 들어가 여러 의사들을 비교한 끝에 비교적 젊어 보이는 의사를 선택했는데 막상 만나보니 십수 년 전 사진임이 분명했다. 제발 사진 좀 업데이트 해주시라!

의사는 지병이 있는지 묻고는, 참다가 볼일 보면 그럴 수 있다며 다시 증상이 반복되면 오라고 말했다. 1시간을 기다렸는데 진료는 1분 만에 끝났다. 인터넷에서 본 답변과 다를 바가 없었다. 참다가 갑자기 배변을 하면 뇌에 산소공급이 안되어 잠깐 기절할 수 있다며, 그럴 때는 누워서 머리를 낮추라는 내용이었다. 똑같은 얘기에 괜히 시간과 돈만 날린 기분이었다.

환절기가 되면서 갱년기 증상은 더 심해졌다. 외출할 때마다 복통이나 호흡곤란이 왔다. TV에서 비슷한 증상을 보면서 말로만 들었던 공황증상인 것을 알게 되었다. 죽을까봐 죽을 것 같은, 그러나 결코 죽지 않는 공황증세. 너무 열심히 살았던 사람들에게 오는 병이었다. 심리치료사에게 하소연을 하거나 정신과 약은 증상만 치료할 뿐 근본적인 해결이 되지 않는 것 같아 며칠을 검색하며 고민한 끝에 H 병원을 찾았다.

H 한방신경정신과는 대구에서 최초로 양방과 한방을 모두 전공한 의사가 치료와 심리상담을 병행하는 곳이다. 일반 한의원 분위기와는 달리, 깔끔하게 꾸며진 1인 진료

실에다 은은한 음악이 흘러 긴장된 마음이 좀 누그러졌다. 진료 방식도 환자는 진료실에 그대로 있고 의료진이 교대로 들어와 상담과 진료를 하는 것이어서 편했다.

1시간 가량 설문지를 작성하고 부교감신경 체크 등 다양한 검사를 한 뒤 인상 좋은 한의사 선생님과 상담했다. 증상을 말한 후 병명이 갱년기인지 화병이나 공황인지 물으니 다 해당된다고 했다. 원인은 다르지만 신체 반응은 비슷하다고 했다. 화병은 분노에서 오고, 공황은 불안에서 비롯된다며, 내게는 분노와 불안이 다 있다고 했다. 불안은 10점 만점에 6점, 스트레스도 6점, 건강 점수는 77점이란 결과가 나왔다. 우울증은 크지 않지만 그대로 두면 심화될 수 있어 최소 3개월간 꾸준한 치료가 필요하다고 했다. 몸의 전반적인 부분을 강화하기 위해 한 달에 한약 두 재를 먹고, 일주일에 한번씩 내원해서 한의사에게 침과 의료적 처치를, 심리치료사에게 심리상담을 병행하자고 했다.

어느덧 H 병원을 다닌지 3개월이 지났다. 이 병원 외에도 그동안 정신건강에 좋다는 건 다 찾아다녔다. 일주일에 두 번 문화센터에서 미술치료를 배우면서 나를 돌아보고, 갱년기와 불안에 좋은 수영으로 몸의 긴장을 풀었다.

매주 수요일은 문화센터에서 할머니들과 함께 장구를 배우는데, 장구채로 '덩덩덕 쿵덕'을 누구 하나 패듯이 두드렸다. 스트레스를 때려잡기에는 난타가 좋은데, 요즘 다들 스트레스가 많은지 치열한 경쟁에서 떨어지고 말았다.

금요일엔 아로마 테라피반에서 화장품을 만들며 향기치료로 마음을 달래고, 호르몬에 좋다는 달맞이꽃 오일도 처발처발 하고 있다.

이런 노력 덕분인지 복통은 확실히 좋아졌다. 다만, 다른 증상은 시간이 걸리는 듯하다. 수십 년 동안 쌓여온 뿌리 깊은 감정들을 수면 위로 드러내기에는 기다림의 시간이 필요하다. 단순히 감정뿐만 아니라 몸과 정신, 영혼을 아우르는 전인격적 치유가 필요해 보인다. 날마다 내가 나를 안아주고 토닥여주는 시간을 쌓아가야겠다.

엄마의 달라진 일상생활

엄마에게 감기 증세가 있어 모시고 내과를 방문했다. 처방전을 받아 약국으로 들렀다가 집으로 돌아가는 길이었다. 내과에서 집까지는 불과 100여 미터 거리였는데, 엘리베이터에서 내리자마자 엄마의 바지가 축축해졌다. 엄마도 이제 기저귀를 착용해야 할 때가 온 모양이다.

어제 아침에는 엄마가 훌쩍훌쩍 울고 있었다. 전기밥솥의 취사버튼을 눌렀는데도 작동하지 않는다는 것이다. 보온 상태의 전기밥솥은 곧바로 취사를 누르면 작동이 되지 않는다. 코드를 뽑고 밥솥이 식을 때까지 기다리거나, 몇 번 뚜껑을 열고 닫아야 취사가 가능하다. 엄마에게 자세히 설명했지만, 계속 서럽게 울기만 했다. 밥도 못하는 자신이 쓸모없는 존재라고 생각한 듯하다. 내게도 어려운 기능이라며 위로했다.

알츠하이머로 인한 새로운 증상들이 나타나고 있다. 밤

에 일어나 이불을 개며 아침 먹자고 한다. 마트에서 같은 물품을 반복해서 사오는 일도 잦아졌다. 들깨, 다시다, 종량제봉투, 검은 봉지, 미역, 간장이 대표적인 물품이다. 왜 이것들만 반복해서 사는 걸까? 예전에 자주 구매했던 익숙한 품목이라 그런 것인지도 모른다.

화이트보드에 '구입 금지 품목'이라고 큼지막하게 써놔도 소용없었다. 이런저런 물건을 쌓아놓고는 돈 없다며 돈 내놓으란다. 자꾸 사 오는 통에 짜증도 났지만, 아픈 노인이 마트까지 혼자 걸어가서 원하는 물건을 찾아 계산까지 하고 오는 것은 대단한 일이며 좋은 훈련이라 생각하기로 했다.

길도 아직 안 잃어버리고, 혼자 택시 타고 교회도 다닌다. 버스로는 한 정류장 거리여서 택시 기본요금만 나와, 봉투에 택시비를 넣고 금액을 적으면 엄마는 그대로 기사에게 전달했다. 가끔 우산이나 지팡이를 두고 내려 다시 구입하기도 했지만 아직 혼자 다니는 게 어딘가?

며칠 전에는 치과에 가서 엄마의 왼쪽 아랫니도 뺐다. 일 년에 한 개씩 치아가 줄어들고 있다. 앓던 이를 빼서인지 몇 개 남지 않은 치아에도 불구하고 홀가분해 했다.

엄마는 평소 치아를 금쪽같이 여기며 양치질을 규칙적으로 했는데, 치매가 온 후 귀찮은지 저녁에 한 번 양치한다. 이제 가운데만 치아가 남아있지만, 여든이 넘은 나이에 틀니 없이도 식사를 잘 하는 게 감사할 따름이다.

양치뿐 아니라 목욕도 싫어한다. 결벽증이 있을 정도로 깔끔했던 엄마가, 목욕은 커녕 세수조차 하지 않으려 한다. 씻자고 하면, 몸이 안 좋다, 어지럽다며 핑계를 댄다. 그래서 묘안이 필요했다. 미리 욕조에 물을 받아 거품 목욕제를 가득 풀어놓는다. 그리고 엄마를 일으켜 세워 내 허리를 잡게 한 후 "기차길옆 오막살이, 아기 아기 잘도 잔다~ 칙칙폭폭~" 노래를 부르며 욕실로 진격한다. 도착 하자마자 재빠르게 옷을 벗기고 욕조에 들어가게 해야한다. 이 모든 절차는 생각할 틈을 주지 않고 빛의 속도로 진행

되어야 한다. 다행히도 일단 물에 들어가면 따뜻하고 향기로운 거품 목욕에 금방 적응하고, 씻고 나면 개운하다며 좋아한다.

엄마의 서랍이 엉망이 된 것도 달라진 점이다. 늘 깔끔하게 정리돼 있던 서랍에는 양말, 파스, 종이 등이 무질서하게 흩어져 있다. 정리하려고 하면 "내 물건 건드리지 마라."고 하며 화를 낸다. 그래서 목욕하는 틈을 타 재빨리 정리하는데, 먹다 남은 과일이나 과자 부스러기, 입다 벗은 팬티도 나온다. 괄약근이 약해져 실수한 뒤에는, 몰래 갈아입고 벗은 것을 서랍에 넣어둔 것이다. 이제 요실금 팬티로 바꿔야 할 때가 왔다. 요실금 팬티는 가운데가 방수 처리돼 있어 새지 않는다. 작년에 사둔 노인용 기저귀는 외출 시 사용하고, 집에서는 요실금 팬티가 더 유용하게 쓰인다. 아직 스스로 화장실 가고 목욕할 수 있는 것만으로도 다행이다.

엄마에게는 휴지 애착 증상도 생겼다. 방바닥에 먼지가

보여도, 떨어진 머리카락을 봐도 휴지를 둘둘 말아서 닦는다. 씻은 그릇이나 반찬통 안에도 습기를 흡수하라고 휴지를 끼워 넣는다. 특이한 것은, 신발장 틈새, 옷장과 벽 틈새에도 휴지를 끼워 넣는다. 먼지가 들어가는 것을 막기 위해서인 것 같다. 그래서 엄마 방에는 두루마리 휴지가 넉넉하게 비치돼 있어야 한다. 처음엔 휴지 좀 아끼라고 핀잔을 줬지만, 더 이상 의미가 없어 포기했다.

엄마는 말수도 부쩍 줄어들었다. 질문을 해도 손짓으로 때우려 한다. 그래서 귀찮을 정도로 일부러 말을 시키고 있다.

"엄마, 밥을 와 이리 많이 남겼노?"
(배부르다는 손짓을 한다)
"뭐라꼬? 말로 표현해야지. 말로 해봐, 말로!"
"말!"
"엄마~"
"말!말!말! 깔깔깔~"

(엄마 밥그릇을 들고) "이것 봐, 이래 많이 남겼잖아. 이게 뭐야?"

"밥!"

"엄마~"

"밥!밥!밥! 깔깔깔~"

엄마에게 하고 싶은 일을 물었더니, 붓글씨를 써보고 싶다고 했다. 초등학교 때 붓글씨 시간이면 항상 엄마 작품이 교실 뒤편에 붙었다고 자랑했다. 그동안 취미생활 겸 놀이치료를 위해 색칠 공부, 윷놀이, 악기 배우기를 포함해 다양한 시도를 했지만 모두 실패했다. 지난 달 오빠가 가져온 카드게임과 화투도 마찬가지다. 오랫동안 집중하는 것이 어려워 보였다.

엄마의 말에, 얼른 인터넷으로 붓글씨 세트를 주문했다. 화선지를 편 뒤 벼루에 먹을 갈아 붓에 찍어 드렸더니, 조금도 망설이지 않고 거침없이 써내려갔다. 그런데 첫 단어가 놀랍게도 '하늘나라'였다. 다른 단어도 써보라고 했더니 '천국'이라고 썼다. 마음이 먹먹했다. '하늘나라'와 '천국'을 쓴 엄마는 글씨가 마음에 들지 않았는지 먹물 탓을 했다. 먹을 더 진하게 갈았더니 이번에는 붓이 안 좋다며 애꿎은 붓을 탓했다. "원래 못하는 사람이 연장 나무란다."라고 했더니 엄마가 민망한 듯 웃었다. 한 장 달랑 쓰고는 팔이 후들거린다며 붓을 내려놓았다. 예전부터 엄마는 머리가 약간 떨렸는데, 이제는 손도 조금씩 떤다. 뇌 검사 결과 파킨슨은 아니라 했다. 머리와 손이 흔들리니 집중하기가 힘든 것이다. 엄마에게는 여러가지 놀이 치료가 무용지물인 것 같다. 이제는 그저 맛있는 음식을 먹고, TV 보며 얘기 나누고, 마사지 받고, 볕 좋은 날 보행기 끌고 산책 나가는 수밖에 없을 것 같다. 이래저래 짠하다.

나의 만학도 제자

"천국에서 만나보자 그날 아침 거기서~
순례자여 예비하라 늦어지지 않도록~"

 슬픈 찬양을 부르며 고인을 영구차에 모셨다. 발인 예배를 드리면서 많이 울었지만, 막상 영구차에 모시고 나니 다시 통곡이 여기저기서 터져 나왔다. 화장장에 도착하자 애도할 틈도 없이 고인은 불꽃 속으로 빨려 들어갔다. 대형 모니터는 그 모든 과정을 찬찬히 보여주고 있었다. 사람들의 슬픈 마음과는 달리, 화장장은 모던하고 세련되어 보였다. 새로 지은 듯 내부도 밝고 깔끔했다. 내 기억 속 화장장은 어두운 회색 톤의 낡고 초라한 건물이었으며 실내는 어두컴컴하고 추웠다. 12월의 한파 속에서 아버지를 그런 곳에서 떠나보냈었다.

 살아생전 몸집이 컸던 고인은 작은 유골함에 담겨 나왔다. 그분의 60여 년, 삶의 서사가 두 손에 든 조그만 단지에 고스란히 압축되어 돌아왔다. 장례 예배를 드리고 운구하여 화장장에 들어갈 때까지는 울음이 터져 나와 주체할 수 없었는데, 정작 유골함을 보니 눈물조차 나오지 않았다. 늘 우리 곁에서 존재감 묵직하셨던 분이 단지 속 그 분이라는 게 현실적으로 와닿지 않았다. 시간이 가면 그 빈자리로 인해 상실감과 공허함을 깊이 느낄 것이다. 그리고 머지않아 우리 역시 같은 과정을 따라 세상을 떠날 것이다. 지상에 머무는 시간이 생각보다 많지 않다. 이번 장례식에 참석하면서 아픈 엄마가 많이 생각났다. 아주 많이...

지난 1월, 고인이 된 K는 대뜸 내게 영어를 가르쳐달라고 했다. 나는 교회 초등학생들에게 성경과 영어를 가르치고 있었는데, 그것을 보자 자신도 배우고자 말했던 것이다. 처음엔 농담인 줄 알고 웃어 넘겼다. 환갑이 넘은 나이에 낮에는 화장실 건축업을, 밤에는 대학을 다녔다. 초졸이 최종 학력이었지만 검정고시를 거쳐 대학에 입학한 위대한 만학도였다. 최종 목표는 신학대학원 진학으로, 석사과정 입학을 위해 영어시험을 준비하겠다는 것이다.

어릴 때 가족이 어떤 이유로 뿔뿔이 흩어지면서 혼자 어렵게 자랐고, 결혼해서도 가정적이지 못해 가족들에게 상처를 많이 주었다고 한다. 그러다 갑자기 암에 걸렸고, 신앙을 갖게 되면서 기적적으로 암세포가 사라져 완전히 새사람이 되었다. 그 후 열정적으로 복음을 전했고, 목회자가 되어야겠다는 결심으로 검정고시를 거쳐 대학까지 간 것이다. 그래서 교인들은 강도사님이라고 불렀다.

나는 나이 든 사람을 가르쳐본 적이 없어 고민하다가, 일단 알파벳부터 익히면 그 후에 생각해보겠다고 했다. 그랬더니 정말 초보자를 위한 영어 노트를 구입해서, 삐뚤삐뚤한 알파벳을 정성껏 썼다. 아니 그렸다는 표현이 맞을 것이다. 그 정성에 감복해 제자로 삼기로 했다.

하지만 막상 가르쳐보니 여간 어려운 게 아니었다. 초등학생을 가르쳐봤기에 쉬울 줄 알았는데, 워낙 기초가 없어 반복 설명해도 이해불가가 많았다. 나도 모르게 언성이 높아지기도 했다.

짧은 문장을 설명한 후 대화하는 시간이었다.

"자, what is your name? 하면 My name is K 라고 하면 돼요. 자, 제가 질문할게요. What is your name?"
"…"
"대답하셔야죠."
"몰라."
"방금 말씀드렸잖아요."
"뭐라 캤는데?"
"어휴~ 내가 허파 디비진다~"
(해맑게 웃으며) "허파 디비지면 우야노?"

우여곡절을 겪으며 3개월 동안 공부했다. 예순이 넘는 나이에 일이 끝난 후 저녁에 와서 공부하는 게 여간 어려운 일이 아닌데도 열심히 했다. 그러던 중 K는 잠시 중단하자고 했다. 내가 봐도 너무 피곤해 보였다. 항상 초집중했던 설교시간에 졸기 일쑤였고, 점심 식사 후엔 아예 방에 드러눕기도 했다. 다들 일과 공부로 많이 피곤한가 보다 생각했는데 어느 날 날벼락 같은 소식이 들려왔다. 건강검진 결과, 간암 판정을 받았다. 그것도 말기였다. 의사는 몇 개월 남지 않았다고 했다. 겉보기에는 피곤해 보이는 것 외엔 다 괜찮아 보였다.

병명 진단 후 K는 빠르게 말라갔다. 한 달 만에 믿기 어려울 정도로 수척해졌다. 예전에 내가 자주 들렀던 전남의 수도원에 요양차 아들과 함께 모셔다드렸지만, 상태가 나빠져 다시 입원했다. 병문안 갔을 때는 많이 야위었지만 말씀도 잘 하고 농담까지 했다. 그러나 기도하고 나오면서 곧 떠나실 것 같은 예감이 들어 눈시울이 붉어지고 목이 메였다.

며칠 후 일요일 새벽, K는 목사님께 전화를 걸어 들릴 듯 말 듯한 목소리로 예배를 요청했다. 목사님은 즉시 병원으로 달려가 함께 예배를 드렸고, 끝나자마자 코마 상태에 빠졌다. 그리고 다음날 하늘나라로 떠났다. 병원 진단

받고 단지 두 달 만의 일이었다.

목사님이 예배 후, 마지막으로 하고 싶은 말을 묻자 가족에게 미안하다고 했단다. 가장으로서 성실하지 못했던 지난 삶에 대한 후회와 용서를 구하는 마음이 담겨 있었다.

교인들에게도 이렇게 남겼다.

"서로 사랑했으면 좋겠어요."

K는 아픈 와중에도 다윗왕의 속죄의 기도로 알려진 시편 51편을 반복해서 읽었다고 한다. 자신의 죄를 고백하며 하나님의 자비를 구하는 내용이다. 그는 나중에 힘에 부쳐 성경책을 들 수 없게 되자, 해당 장만 뜯어 계속 끊임없이 읽었다고 한다. 자신의 죄를 고백하고 서로 사랑하라는 이 두 가지 메시지는 기독교의 핵심이다.

죽음을 앞둔 사람은 삶의 중요한 가르침을 우리에게 남긴다. 그는 짧고도 강력한 말을 남기고 하늘나라 여행을 먼저 떠났다.

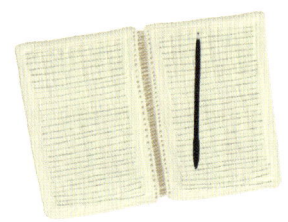

슬기로운 코로나 생활

날씨가 영상 20도로 포근하다. 벚꽃도 폈고, 우리집 베란다의 동양란도 꽃을 피우고 있다. 영양제를 끊임없이 꽂아준 엄마의 사랑과 정성 덕분이다. 활짝 핀 동양란의 꽃들이 그동안 공포와 긴장으로 굳어 있던 마음을 향기로 어루만져 천연 아로마테라피를 해주고 있다.

화초 전문가에 따르면, 식물은 가능하면 꽃을 피우지 않으려 한다. 식물이 꽃을 피우는 것은, 산모의 출산과정과 비슷하다고 한다. 식물은 그 고통을 참고 견디며 꽃을 출산하는 것이다. 아름다움을 만들어내는 세상의 모든 것들은, 결국 고통을 통과해야 비로소 완성되는 모양이다. 이 꽃을 피우기 위해 얼마나 큰 고통을 통과했을지를 생각하니 짠하게 느껴져 꽃 한 송이 한 송이가 더 소중해진다. 또한 공기, 햇빛 등 주변의 환경이 자신의 역할을 묵묵히 감내한 덕분에 이 꽃이 완성되었을 것이다. 결국 한 송이 꽃은 본인의 인내와 노력이 주변의 도움과 조화를 이루어,

탄생하는 것이다.

  2월 19일은 내 책이 세상에 나온 날이었다. 첫 책이라 기대와 설렘으로 기다려왔지만, 하필 그날 전국이 공포로 휩싸이는 사건이 터졌다. 우리 집에서 그리 멀지 않은 곳에서 코로나가 발생한 것이다.

  두 달이 지나자 발생자 수는 조금씩 줄어들었고, 이젠 제법 갇힌 생활에도 익숙해졌다. 상황이 좀 더 나아지면 미뤄뒀던 일들을 해야겠다고 마음먹었다. 길어진 엄마 머리를 위해 미용실에도 가야 하고, 고장난 핸드폰도 바꿔야 한다. 중단된 수영도 다시 시작하고 싶고, 여성회관 목공반에서 만들다 멈춘 사다리 겸 의자도 완성하고 싶다. 지금쯤 먼지 세례를 받고 있을 것이다. 하루만 더 있었어도 완성할 수 있었는데.

  코로나는 모두에게 낯선 경험이었다. 두려움과 죽음의 공포가 엄습했고, 엘리베이터에서 마주치는 사람이 섬

뜩하게 느껴졌다. 마트에서 누가 살짝 기침만 해도 후다닥 멀찍이 떨어졌다. 사람을 경계하게 만들고, 아픈 확진자를 미워하게 되는 무서운 전염병이었다.

마스크 착용, 사회적 거리두기, 비대면 수업, Zoom 미팅, 칸막이 설치 등 새로운 방식이 속속 도입됐다. 젊은층과 중장년층은 비교적 빠르게 적응했지만, 아이들과 노인층이 문제였다. 그나마 아이들은 부모의 보호 아래 있었지만, 급격한 변화에 가장 적응하기 어려운 건 노인들이었다. 마스크를 쓰지 않아 버스에서 쫓겨나는 할아버지, 연거푸 기침을 해서 눈총 받는 할머니, 병원에 들어오자마자 마스크를 벗는 노인(내가 지적했다) 등 새로운 방식에 금방 적응하지 못했다. 내가 사는 아파트에도 노인들이 많아 혼란을 겪었다. 노인들의 신체가 감염에 취약한 것도 있지만, 정보 부족과 대응의 미숙함 때문에 사망한 경우가 더 많았을 거라고 본다.

만약 내가 없었다면 엄마는 어떻게 되었을까? 상상하

기도 싫다. 아픈 엄마와 공황 증세로 예민해져있던 나는, 코로나로 더 신경이 곤두서게 되었다. 엄마가 밖으로 나갈 가능성에 대비해 현관문에 마스크를 여러 장 붙여두고, 화이트보드에는 큰 글자로 주의 사항을 써놓았다. 하지만 소용이 없었다.

엄마가 나가는 이유는 세 가지다. 야쿠르트나 비타00이 떨어졌을 때, 화장지가 없을 때, 그리고 쓰레기를 버릴 때이다. 나는 미리 이런 것들을 구입해서 엄마 눈에 잘 보이게 두었다. 쓰레기도 봉투에 조금이라도 있으면 버리러 나가기에, 봉투를 꾹꾹 눌러 여유가 많이 있어 보이게 하거나, 쓰레기를 분산시켰다가 10리터가 되면 모아서 버렸다.

어제는 마트에서 돌아오는 길에 멀리서 엄마가 보였다. 놀라서 달려가 보니 약국에서 파스와 박00를 사서 보행기에 담고 집으로 가고 있었다. 물론 노마스크였다. 마스크를 왜 안 했냐고 했더니 안 그래도 약국에서 뭐라고 했단다. 안 쫓겨나고 구입할 걸 보면 약사도 짐작했던 것 같다. 나는 엄마에게 마스크 안 하면 경찰이 잡아간다고 겁을 줬다. 물론 엄마는 곧 잊을 것이다. 아니, 잊는 게 아니라 새로운 정보를 입력하는 기능이 고장 나서 기억하지 못하는 것이 다.

며칠 후 목요일, 내가 집을 비운 사이 엄마는 교회에 간다며 가방을 들고 택시를 탔다. 택시비를 냈는지 잔돈을 받았는지 모른다. 교회에 도착한 엄마를 다행히 목사님이 발견해 집에 모시고 왔다. 나는 바로 가정용 CCTV를 설치했고 최대한 외출을 줄였다.

3개월 후, 서울언니가 고생한다며 며칠 쉬라고 휴가를 보내주었다. 그동안 갇혀 지내다가 처음 집을 떠나 여행하는 것이다. 선배언니가 일하고 있는 전주에 놀러갔나. 며칠 푹 쉬고 집에 가기 위해 터미널에 갔는데, 대구행 버스가 오후엔 없어졌다고 했다. 놀라서 물어보니 대구는 코로나가 심해서 오전에 한두 차례만 운행한다고 했다. 전국적으로 확산되었고 이제 감소세인데도, 발생지 리스크가 컸다. 할 수 없이 다시 선배 언니 집에서 하룻밤을 더 자고, 다음날 아침 일찍 터미널로 갔다. 대구행 버스에 오르는데 뒤통수가 따가왔다. 하기야 어제 식당에서 고기를 구워 먹는데 경상도 사투리를 쓰니까 주변 테이블에 있던 사람들이 흘깃흘깃 묘한 시선으로 쳐다보았다. 그 순간 나는 언니에게 서울말을 쓰기 시작했다. 사실 그 언니는 나보다 더 진~한 경상도 사투리를 쓴다.

"언니, 이거 먹어봐. 정말 맛있어." (원래는 "언니야, 이거 무바라. 억쑤로 마시따.")
"뭐해? 빨리 익은 거부터 먹어." (원래는 "머하노? 퍼뜩 익은 거부터 무~라.)
"고기는 조금밖에 없고 나물만 많네."(원래는 "고기는 쪼매 뿌이고 나물만 천지 삐까리네.")

패밀리 미팅하던 날

우리 가족은 엄마와 삼남매다. 서울언니가 오빠를 불러 대구 집으로 모두 모였다. 언니가 지난번 대구에 내려왔을 때, 내가 갱년기와 공황 증세를 겪고 있음에도 다들 반응이 없는 것을 얘기했더니 가족회의를 소집한 것이다. 엄마를 나 혼자 계속 지금처럼 간병하는 한, 증상은 나아지지 않을 것 같았다. 코로나는 여름이 특히 더 힘들었다. 무더위가 대구를 강타하자 덴탈 마스크 쓰는 것조차 고역이었다. 공황 증세로 과호흡이 잦아 숨쉬기가 힘들면서 가슴은 더 뜨거워졌다. 처음에는 2년만 버티자고 결심했었다. 2년만 지나면 뭔가 환경의 변화가 생기지 않을까 기대했기 때문이다. 함께 엄마를 돌보기 위해 집을 합치든지 다른 방법이 생기길 바랐다.

   점심 먹은 후, 가족회의를 시작했다. 원래는 엄마를 뺀 채 얘기하려고 했는데, 엄마가 자기 험담할 거냐며 해맑게 웃으며 다가와 그냥 함께 했다. 어차피 지금 상태에서 우리 얘기를 다 이해하진 못할 것이다.

사실 이런 자리는 진작에 마련했어야 했다. 엄마의 병명이 밝혀졌을 때, 앞으로 간병 계획과 병원비, 생활비, 간병비를 어떻게 마련할지 논의했어야 했다. 병든 부모를 모시는 일은 현실적으로 쉽지 않고, 들어가는 비용도 만만치 않다. 자녀 중 누구 하나가 희생하지 않는 한 해결되기 어려운 문제다.

엄마를 간병한 지 2년이 지났지만, 오빠와 언니는 예전과 동일한 생활비를 보내왔고, 나는 모자라는 부분을 내 퇴직금으로 충당하며 살아왔다. 더 늦기 전에 이런 상황을 논의해야 했고, 다행히 삼남매의 관계는 나쁘지 않아 한자리에 모일 수 있었다.

간병하기 전부터 엄마는 자신이 사는 아파트를 막내인 내게 물려주고 싶어 하셨다. 막내가 다른 형제보다 경제적으로 넉넉하지 않고, 결혼도 하지 않았기 때문이다. 유산과 관련된 아파트가 언급되자 오빠는 이렇게 말했다.

"나도 막내 주고 싶은데, 올케 입장은 다르다."

엄마를 모시지도 않는 장남이 왜 아내 핑계를 대는지 모르겠다. 게다가 삼남매 중 오빠가 가장 월급이 많지만, 생활비는 제일 적게 내고 있었다. 우리 삼남매는 직장 생활을 하면서 매월 엄마에게 생활비를 보냈는데 언니가 항상 많이 보냈고 오빠가 제일 적었다. 엄마 아파트 융자금도 언니가 다 갚았다. 그런데도 언니는 내가 아파트를 가지는데 적극적으로 찬성했다. 사실 난 기대도 하지 않았다. 주면 감사한 일이고, 주지 않더라도 엄마 병원비를 낸 후 아파트를 팔아 남는 돈을 나눌 생각이었다. 나는 유산 문제로 가족이 다투는 것을 질색했다. 복을 불러오는 돈이 있고, 화를 부르는 돈이 있다는데, 그렇게 다퉈서 얻어낸 돈이 과연 복을 가져다줄까?

오빠의 말이 끝난 뒤, 언니가 말했다. 예전부터 언니는 내가 안쓰러워 함께 살 집을 구해보자고 했었다. 복층 건물이나 이층집을 구해, 일층에는 나와 엄마가, 이층에는 언니네 가족이 살면서 서로 간섭받지 않으면서도 엄마를 함께 돌볼 수 있는 이상적인 방안이었다. 나도 직장을 가질 수 있어 내심 기대에 부풀었었다. 하지만 이번에는 언니가 다른 말을 했다. 주변에서 좋은 생각이 아니라고 다들 말린다며, 형부의 입장도 있으니 집을 따로 구하자고 했다. 그러면 지금과 다를 바 없는 생활이다. 물론 언니와 형부가 가까이 있다는 점은 도움이 되겠지만, 서울의 비싼 아파트를 대출로 전세 내어 살 정도로 서울행이 맞는 것인지, 환경이 바뀌면 치매에 안 좋다는데 그걸 감수하고서도 가는 게 맞는지 모를 일이었다. 언니의 바뀐 계획에 가슴이 답답해졌다. 싱글인 내가 직업도 미래도 내려놓고 엄마를 간병하고 있는데, 내 앞에서 오빠는 올케 입장을, 언니는 형부 입장을 대변하고 있었다.

엄마는 우리의 대화를 다 이해했을까? 그때까지 옆에서

가만히 듣고만 있던 엄마는 갑자기 이렇게 소리쳤다.

"나는 죽어도 내 집에서 죽는다. 서울 절대 안 간다."

결국 모두 한바탕 눈물을 쏟아내고야 말았다.

생활비를 더 내는 것, 내게 정기적인 휴가를 주는 것, 건강보험공단에 등급 신청을 하고 요양보호사 신청하는 것 등의 얘기들을 나눈 후 그들은 서둘러 자기 가족이 기다리고 있는 집으로 돌아갔다.

다시 엄마와 나만 남았다. 예전에도 그랬듯, 앞으로도 이런 생활은 계속될 것이다. 어쩌면 나는 이렇게 될 줄 진작에 알고 있었는지도 모른다. 나의 꿈이 산산조각 나서 허공에서 흩어져 버렸나. 서넉 설서시를 하는네, 식탁 위 액자 속에서 그 유명한 사진인, 눈밭에 얼룩덜룩한 모습으로 나타난 그리스도가 나를 내려다보고 있었다.

'그리스도는 이 집의 주인이며, 식사 때마다 보이지 않는 손님이며, 모든 대화에 말없이 들으신다'는 글과 함께.

내 인생의 멘토였던 언니

가족 미팅후 13일째 눈물이 멈추질 않았다. TV를 보다가도 울컥거렸고, 밥을 먹거나 씻다가도 흐느꼈다. 심지어 마트에서 장을 보다가도 북받쳐 숨죽여 울기도 했다. 감정 통제를 잘하며 살았는데, 이젠 그게 잘 안된다. 엄마가 돌아가셔도 이렇게까지 울 수 있을까? 갱년기, 화병, 공황 증세로 누가 살짝만 건드려도 폭발할 시기라 그런지도 모르겠다.

눈물의 종류가 이렇게 많은 줄, 실컷 울고 나서야 알았다.

'가슴 깊은 곳에서 솟아오르는 눈물, 눈시울만 붉어진 눈물, 목 메이는 눈물, 흐느끼는 눈물, 숨죽여 우는 눈물, 핑 도는 눈물, 울분이 터진 눈물, 앞을 가리는 눈물, 뜨거운 눈물, 북받친 눈물, 펑펑, 왈칵, 주르르, 울컥울컥, 찔끔 찔끔…'

가족모임 후 나는 이 모든 눈물을 경험했다.

어제는 내 생애 처음 언니와 전화로 대판 싸웠다. 막내의 위치가 그렇듯, 나는 발언권이 별로 없었다. 네 살 터울인 언니는 말발이 세서 감히 싸움의 상대도 되지 않았다. 가족회의 후유증으로 계속 눈물바다가 이어지고 있는데, 언니는 그것도 모르고 전화로 이것저것 엄마 챙기는 일만 물었다.

사람들은 참 모른다. 환자는 간병하는 사람이 챙기면 된다. 나머지 가족들은 그 간병인을 챙겨야 한다. 그러면 모든 게 잘 돌아가는데 왜 모두들 간병인보다 아픈 사람만 생각하는 것일까? 오빠와 언니는 내 건강만 챙기면 되는 것이다. 내가 엄마를 가장 잘 알고 있고, 알아서 잘 챙기고 있으니까.

통화 중에 나도 모르게 말투가 틱틱거렸나 보다. 그게 거슬렸는지, 아니면 언니도 그동안 참았는 게 있는지, 결국 터져버렸다.

"도대체 원하는 게 뭐냐? 내가 어떻게 해주면 좋겠냐? 당장 교사를 때려치우면 되겠냐? 나는 최선을 다한다고 생각하는데 뭐가 불만이냐? 다른 사람들에 비해 잘하고 있지않냐? 네가 그렇게 생각하면 너무 섭섭하다!"

언니가 터지자, 나는 폭발해버렸다. 이 악물고 버텨온 내게 언니는 마치 자기만 최선을 다하고 있는 것처럼 말하고 있었다. 나는 감히 최선을 다한다는 말조차 하지 못하면서 견디고 있는데도 말이다. 오빠가 새언니의 입장을 대변하고, 언니가 형부를 두둔한 말들이 내게 얼마나 상처가 되었는지 저들은 죽었다가 깨어나도 모를 것이다. 결국 언니는 사과했지만, 나는 밤새도록 울고 말았다.

'이 세상에 내 마음을 알아주는 사람이 단 한 사람도 없다, 이래서 사람들이 목숨을 끊는구나. 이젠 오빠도, 언니도 다 필요없다. 이번 생은 이렇게 끝이 나는가 보다.'

나의 자격지심일까? 9년 동안 뇌병변 시어머니를 간병했던 언니가 자신의 경험을 얘기할 때면, 마치 겨우 몇 년 했으면서 뭘 그러냐는 듯 들렸다. 언니와 나는 상황이 다르다. 언니는 기댈 가족이 있고, 교사를 하고 있으니 경력 단절에다 독박 간병하는 나보다는 낫지 않나? 언니는 복잡한 문제를 시원하게 잘 정리해주는 멘토링을 잘하지만, 공감이 필요할 때 옳은 말만 해서 울화가 치밀 때도 가끔 있었다.

"언냐, 집이 좁아 답답하게 느껴져."
"엄마랑 너 둘이 살기에 딱 좋은데 뭐가 답답하냐?"

물리적 공간뿐 아니라 심리적 공간의 답답함을 이해하지 못한 것이다.

"하나님은 엄마를 평안하게 돌아가시게 할 것 같아."
"안 그런 케이스도 있어. 아는 분 엄마가 한 겨울에 집 나가서 동사했다."

안정감을 붙잡으려는 나를 한순간 훅 가게 만들었다.

"언냐, 엄마가 아무래도 오래 못 사실 것 같다."
"절대로 해서는 안 되는 말이야. 앞으로 다신 그런 얘기 하지마."

게다가 언니는 우리가 힘들게 살아와서 어쩌면 과도한 희생과 봉사로 자신을 학대하고 있는지도 모른다며, 착한 여자 콤플렉스에서 벗어나 좀 이기적인 마음으로 편하게 사는 것도 나쁘지 않다고 했다. 맞는 얘기지만 타이밍이 나빴다. 순간 욱할 뻔했다. 내가 착한 딸 콤플렉스가 있기에 직장 때려치우고 엄마 독박간병을 하고 있지 않은가? 정신을 잃고 공황장애를 겪으면서도 꾹꾹 눌러 참고 버티고 있지 않은가? 그게 지금 내 앞에서 할 소리야?

솔직히 언니에게는 양가감정이 있다. 9년 동안 시어머니 간병으로 고생한 언니에게 같은 고생을 시키면 안 된다는 생각과, 그래도 경험자니까 나의 고통을 알고 덜어줄

거란 기대감이다. 내가 알던 언니라면, 고생하는 동생을 위해 뭔가 대책을 세워줄 줄 알았다.

그동안 언니는 복층 건물에서 함께 사는 것 외에도, 환경이 바뀌면 엄마의 상태가 악화될 수 있으니까 퇴직 후 대구와서 내가 모시겠다는 등 수시로 계획이 달라졌다. 그러면 그 바뀐 계획에 따라 내 인생의 방향도 따라 흔들렸다. 언니의 계획은 내게 희망고문 같았다. 그러다 불쑥 튀어나온 형부의 입장을 고려하자는 말은 정말 예상하지 못한 돌발 변수여서 후유증이 길었다.

어쩌면 언니는 내게 엄마 같은 존재였는지도 모른다. 엄마가 채워주지 못한 정서적 결핍을 채워주었고, 가족 안에서는 경제적, 정신적 가장 역할도 해왔다. 엄마도 나도 언니에게 정서적으로 깊이 의존하고 있었다. 사회생활로 어느 정도 독립했다고 생각했지만, 엄마를 간병하다 보니, 아픈 엄마를 대신해 언니가 엄마 역할을 해주길 바랐던 것 같다. 그래서 언니의 말 한마디 한마디가 더 서운했는지도 모른다.

    그렇다고 언니가 큰 잘못을 한 것도 아니다. 정기적으로 휴가도 챙겨주고, 형부와 함께 식품도 보내주고, 지금은 생활비도 오빠보다 두 배로 보내주고 있다. 마땅히 고마워해야 하는데, 분노감은 오빠보다 언니에게 더 크다. 앞으로 누군가와 함께 살면서 엄마를 돌보는 것은 불가능해졌다. 직장생활도 자아실현도, 모든 기대도 다 내려놓고 엄마와 하루하루 견디며 살아야 한다. 애써 붙잡았던 기대와 희망이 무너져 여러 날 훌쩍거렸지만, 지금까지 그래왔던 것처럼 나는 잘 살아낼 것이다. 이보다 더 끔찍한 상황이 오더라도 나는 잘 견뎌낼 것이다.

행복하지 못할 이유가 없다

나는 전형적인 계획형 인간이다. 원칙을 중요시하며, 계획을 세우고 그 계획대로 살아간다. 그런 사람에게는 달력과 시계가 중요하다. 이사를 가도 탁상달력과 벽시계는 세팅 우선순위다. 나는 계획대로 살지 못하면 시간과 인생을 낭비하는 것처럼 느껴진다.

한 번은 친한 선배 언니가 말했다. "니는 여행 가서 계획이 좀 어그러지면 안절부절못하더라." 계획형 인간의 약점이다. 예상치 못한 상황은 언제나 일어나기 마련이고, 계획은 어긋나게 마련이다. 그런데도 모든 것을 통제하려 애쓰다 넉다운 되어 버린다.

나는 왜 그렇게 원칙과 계획을 중요하게 여길까? 인간은 무한한 자유보다 어느 정도의 경계선 안에 있을 때 더 안정감을 느낀다고 한다. 나에게 경계선은 원칙과 계획이다. 불안감이 높은 나는 무한한 자유보다는 무엇인가 정해져 있어야 마음이 놓인다. 그리고 그 원칙과 계획 속에는 늘 열심히 '도전하고 성장하는' 내용이 들어있다. 그렇다 보니 계획을 잡을 수 없거나 도전하고 변화가 불가능한 상황이 닥치면 견디기 힘들었다.

'있는 그대로 인정하고 받아들이는 것'이 내겐 가장 어려운 일이었다. 어쩌면 성장하면서 형성된, 열심히 노력해서 빨리 이 가난한 상황을 벗어나야 한다는 강박적 신념 때문이었을지도 모른다. 부지런함과 노력은 곧 성장과 발전을 의미했다. 그래서 '열심, 도전, 변화, 성장' 같은 단어를 추종했고, '순응, 인정, 받아들임'은 어색하기도 하고 어려웠다.

현실에 안주하는 것을 퇴행이라 믿었기에, 안빈낙도가 삶의 목표라던 남자 동기와 말싸움을 벌인 적도 있다. 나는 30대 사나이가 어쩌면 그렇게 비전과 포부가 없냐고 몰아 부쳤고, 그는 왜 그렇게 피곤하게 사냐며 되받아 쳤다. 20년이 지난 지금, 나는 여전히 피곤하게 살고 있고,

그는 시골에서 몇 채의 집을 소유하며 안빈낙도, 유유자적의 삶을 누리고 있다.

성실한 태도로 부지런히 노력하면 발전할 수 있다는 신념은 해외에서도 이어졌다. 현지 직원들에게 지역사회의 변화와 성장을 위해 열심히 배우고 훈련받으라고 독려했고, 마을 주민들에게도 부지런히 일하고 도전하면 가난을 벗어날 수 있다고 설득했다. 그들에게 내 신념이 얼마나 와닿았는지 모르겠다. 가난해도 자연에 순응하며 느릿느릿 평화롭게 살아가는 그들에게 나의 신념이 잘 이해되지 않았을 것이다. 왜 그렇게 고군분투하며 바쁘게 사는지. 케냐에서 일할 때 한 매니저는 내게 이렇게 물었다.

"지부장이면서 왜 그렇게 열심히 바쁘게 일하세요?"

한국에 돌아와서도 마찬가지였다. 직장도, 결혼도, 사회적 역할도 없이 엄마를 간병하며 살고 있지만, 나는 여전히 원칙과 계획 안에서 여러가지를 배우고 새로운 도전을 이어갔다. 하지만 제한된 삶 속에서 변화를 시도하는 데는 분명 한계가 있었다. 그래서 어떻게든 빨리 이 상황이 바뀌기를 바랬나보다. 마치 상황이 달라지기 전에는 행복할 수 없다고 생각한 것처럼. 그래서 앞으로도 계속 혼자서 엄마를 돌봐야 하는 이 현실을 그렇게도 받아들이기 힘들었나 보다. 계획을 세울 수도, 도전하거나 변화시킬 수도 없는 이 상황이 마치 탈출구가 사라진 것처럼 느껴졌나보다.

시간이 조금 지나면서 알게 되었다. 상황을 바꿀 수 없다고 해서 반드시 나쁜 것만은 아니라는 것을. 바꿀 수 없을 때는 인정하는 것도 필요하다. 인생은 도전하고 성장할 때가 있고 머무르고 순응할 때도 있는 법이다. 지금 나에게는 상황을 개선하기보다는 인정하고 순응할 때인 것이다.

그렇다면 인정하고 받아들인다는 이 모호하고 추상적인 말은 무슨 뜻일까? 어쩌면 내가 살아왔던 방식과는 반대일지도 모르겠다. 도전하는 대신 그냥 자연의 흐름에 몸을 맡기는 것, 굳이 계획하고 애쓰면서 살지 않아도 괜찮다는 것, 과거와 화해하고 감사하며 오늘 즐겁게 사는 것, 그럼에도 불구하고 누군가에 의해 내 삶이 좋은 길로 인도되고 있음을 신뢰하는 것이다.

정신의학자이며 호스피스 운동의 선구자 엘리자베스 퀴블러 로스는 이렇게 말했다.

"당신은 행복해지는 데 필요한 모든 것을 가지고 있다."

그렇다. 행복하지 못할 이유가 없는 것이다. 나는 지금 즐겁게 살지 못할 이유가 없다.

100점 짜리 엄마

2개월에 한 번씩 신경과를 방문한다. 엄마의 주치의를 만나 상담하고 처방전을 받기 위해서이다. 대리처방에 대한 법이 까다로워져, 환자 없이 가족이 올 경우에는 엄마 신분증과 내 신분증, 가족관계 증명서까지 보여줘야 한다. 그래서 나는 늘 그것들을 지갑에 지니고 다닌다.

　접수를 마치고 의자에 앉아, 모니터에 엄마 이름이 몇 번째인지 확인한 후 주변 사람들을 둘러보았다. 이젠 앉아 있는 사람들만 봐도 치매 단계가 어느 정도인지 대충 짐작이 간다. 여러 명의 자녀가 함께 온 경우는 초기 단계일 가능성이 높다. 모두 놀라고 당황해서, 의사에게 확인을 받기 위해 온 것이다. 시간이 지나면 함께 오는 사람이 줄어든다. 부부가 함께 오는 경우는 남편이나 아내 둘 중 한 명이 치매인데 같이 방문하는 것은 아직 상태가 양호하다는 뜻이다. 오래된 경우는 나처럼 혼자 와서 짧게 한두 마디 면담한 후 처방전을 받아가는 것이 일상이 된다.

오늘도 10여 분을 기다린 끝에 의사와 면담을 했다. 엄마의 말수가 줄었고 물어도 대답 대신 고개를 끄덕이거나 손짓으로 표현하는 경우가 많다고 하니, 대부분 그런 과정을 거친다고 했다. 30초도 안 되어 면담은 끝났고, 처방전과 진료비 계산을 위해 다시 기다려야 했다. 다행히 요즘은 번호표를 뽑지 않아도 기계로 출력되니 훨씬 간편하다. 가장 오래 기다리는 곳은 역시 약국이다. 손님이 많으면 30분, 없을 때도 20분은 걸린다. 2개월 분 약이라 시간이 더 걸렸다. 고령의 약사는 검은 봉지에 한 보따리의 약을 담아 주면서, 안쓰럽다는 듯 위로의 몇 마디를 건넸다.

약 처방 외에도 엄마는 매년 임상 심리검사를 받아야 한다. 정기 검사를 받지 않으면 치매약에 대한 보험 혜택을 받을 수 없다. 혈액검사와 임상 심리검사를 모두 받아야 하는데 공복 상태로 피검사를 해야 해서 엄마가 뭘 먹지 않도록 신경 써야 했다. 밥상과 냉장고에 '금식'이라고 크게 써 붙이고, 물컵과 야쿠르트를 숨기고 밥솥도 비워두었다. 그래도 불안해서 당일 새벽 일찍 눈이 떠졌다.

하루 전날 엄마에게 내일 병원 가는 날이고 금식해야 한다고 열 번도 넘게 말한 덕분인지 엄마는 기억하고 있었다. 코로나 여파로 피검사도 번호표를 뽑아 대기해야 했다. 좁은 장소에 여러 명이 한꺼번에 들어가는 것을 방지하기 위한 사회적 거리두기 때문이다. 대기실에서 20여 분을 기다린 끝에 혈액채취를 한 후, 병원 구내식당에서 아침을 먹었다. 엄마는 죽, 나는 순두부찌개를 시켰다. 죽의 양이 많아 덜어야 했는데, 보온병 가져오는 것을 잊었다. 직원에게 부탁해서 일회용 반찬통을 얻어와 반을 덜어냈다.

10시까지 4층 검사실로 가야 하는데, 이제 겨우 9시다. 20여 분 더 기다린 후 4층으로 올라갔다. 노인 부부, 우리와 비슷한 모녀 가족 두 팀이 대기하고 있었다. 모녀는 첫 임상심리 검사인지 긴장한 모습이 역력했다. 엄마보다 한참 젊어 보여, 앞으로의 험난한 날들이 그려졌다.

대기하고 있는데, 요즘 말수가 부쩍 줄어든 엄마가 귓

속말로 뭐가 말했다. 잘못 알아들어 다시 묻자, 손가락으로 옆에 앉은 할머니의 신발을 가리키며 자기 신발과 똑같다고 했다. 둘 다 발목 주위에 털이 뽀송뽀송 달린 특이한 털신을 신고 있었다. 엄마가 정신줄을 놓고 있는 줄 알았더니, 나보다 더 세심하게 주변을 관찰하고 있었던 거다. 나도 모르게 소리 내어 웃고 말았다.

예전에도 신경과에서 한번 빵 터진 일이 있었다. 엄마는 자신의 이름을 싫어했다. 이름에 '월'자가 있는데, 그걸 너무 싫어해서 작명하신 외할아버지를 두고두고 원망했다. 그런데 화면 앞 대기번호 이름에 '월분'이 있는 것이 아닌가? 어찌나 반갑던지 "엄마, 저기도 '월'자가 있다."라고 했더니 엄마가 반색을 하며 웃었다. 누군지 궁금해서 사방을 둘러봤지만 결국 보지는 못했다.

10시에 엄마가 상담실로 들어갔다. 보호자인 내겐 대기실에서 보호자용 설문지가 따로 주어졌다. 작년에 비해 올해는 체크할 항목이 많이 줄었다.

인생이 슬프다며 울거나, 갑자기 화를 내거나, 의심하는 증상은 대부분 사라졌다. 그땐 화내고 슬픈 모습이 힘들었는데, 이젠 그 증상마저 사라지니 오히려 더 슬펐다. 감정이 점점 무뎌지고 있다는 뜻이다. 설문지를 작성해놓고 대기하는데, 상담사가 엄마에게 하는 질문이 문밖에 앉은 내게도 다 들렸다.

"인생이 슬프게 느껴지지 않으세요? 내가 실패한 인생처럼 생각되진 않으세요? 세상에 아무도 없이 혼자라고 느끼시나요? 자신의 처지에 절망감이 드시나요?"

그 질문들은 마치 나에게 하는 말처럼 들렸다. 엄마는 아니라고 대답했고 나는 정말 그렇다고 연신 고개를 끄덕였다. 거의 한 시간 가까운 검사를 마치고 나온 엄마에게 대답 잘했냐고 묻자, 엄마는 재미없었나는 듯 한마디했다.

"질문도 우째 질문 같아야 말이지."

지난달에도 엄마는 똑같은 말을 했다.

장기요양보험 등급 판정을 받기위해 건강보험공단에 신청했다. 주간보호센터나 요양보호사를 이용하기 위한 절차였다. 엄마는 아직 보행이 가능하고 대소변도 혼자 해결해서 높은 등급은 어려울 것 같고, 그래도 치매가 있으니 가장 낮은 5등급은 가능할 것 같아 앱에서 신청했다.

일주일 후 직원이 방문한다는 연락이 왔다. 주변에서는 미리 교육시켜 거동이 아주 어려운 것처럼 하라는데, 엄마는 1분 전의 말도 기억을 못 하기 때문에 사전 교육은 불가능했다.

문을 열자 젊은 남자 직원이 들어왔다. 게다가 상냥하기까지 했다. 불길한 예감이 들었다. 엄마는 상냥하고 젊은 남자에게 건강하게 보이려고 하는 경향이 있었다. 우려했던 대로 엄마의 눈에서 총기가 반짝이기 시작했다.

"어머니, 손 한번 들어보세요."

 말이 끝나기 무섭게 대한독립만세를 하듯 두 손을 번쩍 들었다. (평소엔 밥숟가락도 덜덜 떨면서 드신다)

"어머니, 집 주소 아세요?"
"내가 그것도 모를까 봐."라며 몇 동 몇 호까지 찰떡같이 대답했다.
"어머니, 생년월일 아세요?"
"내가 그것도 모르면 죽어야지."라며 몇월 며칠까지 야무지게 말했다. (평소엔 몇 년생인지도 가물가물하다)
"어머니, 사과 10개 있는데 2개 먹었어요. 그럼 몇 개 남아 있을까요?"
"(가소로운 듯) 하이고, 그걸 질문이라고 합니꺼? 8개."

 엄마는 모든 질문에 100% 완벽하게 답했다. 공단직원은 박수 치며 좋아라하고, 옆에서 나는 땅이 꺼져라 한숨을 쉬었다.

마지막은 보행 테스트였다. 허리가 굽었고 무릎이 안 좋아 보통 화장실 갈 때는 옆에서 붙잡아야 한걸음 한걸음 겨우 발을 떼었다. 이번만은 제대로 엄마의 아픈 모습을 보여줄 수 있으리라 생각했는데, 엄마는 솟구치는 힘으로 벌떡 일어나 빠른 걸음으로 걸었다. 이것은 환자를 벌떡 일으켜 세우는 치유집회에서나 가능한 일이었다. 아, 망했다!

그렇게 백 점짜리 대답을 해버린 엄마 덕분에, 공단 직원은 보호자인 나에게는 형식적인 상담만 하고는 떠났다. 평소 어떤 상태인지를 얘기해도 직원은 건성으로 들었다. 산 증거를 눈으로 직접 목격했기 때문이었다. 속상한 마음에 서울언니한테 털어놓으니 엄마를 잘 아는 언니는 배를 잡고 웃었다.

하기야 어떤 사람은 공단 직원 방문 때, 엄마를 일부러 누워 있게 하고는, 엄마가 거동을 전혀 못 한다고 하면서 마지막 질문까지 무사히 마쳤다고 한다. 그런데 직원이 다

끝났다며 인사하고 현관으로 나가니까 그 엄마가 벌떡 일어나 수고했다며 배웅까지 했다는 웃지 못할 얘기도 들었다.

결국 야무지게 대답한 똑똑한 엄마 덕분에 가장 낮은 5등급조차 나오지 않았고, 등급 외인 인지지원만 나왔다. 나의 간절한 바람인 주간보호센터나 요양보호사는 물 건너 가버렸다. '아이고, 내 팔자야!'

뜻밖의 선물

언니가 엄마한테 전화했다. 내일 막내딸 생일이라고 미리 귀띔해 준 것이다. 그러자 엄마는 전화통에 대고, "아이고 ~ 우리 딸 생일도 모르고 어미가 돼가지고 우야노?" 라며 생일 잊은 걸 한참이나 자책하다가 전화를 끊었다.

"엄마, 누구랑 통화했어?"
"모르겠는데."
"방금 전화로 한참 얘기했잖아?"
"몰라, 어떤 사람이 전화했는데, 모르는 사람이던데."
"내 생일이라고 그 사람이 말하던데?"
"니 생일이가? 그 사람은 우째 아노?"

정류장에서 버스를 기다리며 의자에 앉아 있었다. 오늘따라 가을 하늘이 유난히 청명하고, 눈이 시리도록 파랬다. 하늘을 올려다보다가, 갑자기 눈물이 툭 터졌다. 가을을 타는 것인지, 생일이어서인지, 외로움이 밀려왔다. 나는 하늘을 향해 갑자기 생뚱맞은 기도를 올렸다.

"하나님, 참 외롭네요. 오늘 생일인데, 곁에서 생일 파티 하면서 축하해 줄 사람이 없어요. 누군가로부터 축하를 받으면 참 행복할 것 같은데... 듣고 계시나요? 그럼 증거를 보여주세요."

참 어린애 같은 기도였다. 나는 가끔 마음이 휑하고 침울할 때는 어린애처럼 떼를 쓰듯 기도하기도 한다. 그럼 누구한테 떼를 쓰겠나?

해외에 있을 때는 생일마다 현지 직원들이 큰 종이에 그림을 그리고 축하 메세지를 적어주기도 하였고, 옷, 전통 팔찌, 액세서리를 직접 만들어 선물하는 직원들도 있었다.

가장 잊을 수 없는 생일선물은 해외 출장 후 캄보디아 공항에 도착했을 때였다. 직원들이 공항에서 케이크를 들고 나를 기다리다 축하해 준 것이다. 대여섯 명의 직원들이 밤늦게까지 나를 기다렸다는 게 너무나 감격스러웠다. 공항까지 무려 두 시간이 넘는 거리였는데도 말이다. 값으로도 매길 수 없는 생애 최고의 생일 선물이었다. 물론 그 아이디어는 전설적인 봉사단원인 S의 머리에서 나왔음이 틀림없다. 해외에서 맞이한 생일은 언제나 떠들썩해서 외로운 줄을 몰랐다. 그들의 마음 씀씀이에 다시 한번 고마움을 전한다.

기도는 그렇게 했지만, 올해부터는 내가 직접 케이크를 사서 엄마와 자축하기로 마음먹었다. 솔직히 생일이란 내가 이 세상에 태어나서 기쁜 날이기도 하지만, 동시에 엄마가 나를 낳느라 죽을 만큼 고통을 겪은 날이기도 하다. 미역국은 나보다 엄마가 먹어야 하는 날이고, 내가 축하받는 데만 의미를 두기보다는, 엄마의 수고에 감사하는 날이 되어야 바람직하다.

문화센터 갔다 돌아오는 길이었다. 평소와 달리 카톡이

마구 울려댔다. 어느 단톡방에 불이 났나보다 싶어 곧바로 확인하지 않았다. 집에 도착해 무심코 열어보니 깜짝 놀랄 일이 벌어져 있었다. 가끔 연락하는 지인부터 오래전 연락이 끊겼던 사람들까지 줄줄이 축하 메시지를 보내왔다. 멋진 선물과 함께. 해외에 있을 때보다 더 많은 선물 보따리를 받았다. 치즈케이크, 롤케이크, 별다방 커피쿠폰, 영양제, 화장품, 커피콩, 치킨 등 그야말로 선물이 하늘에서 쏟아진 것이다. 두렵기도 하고 눈물도 왈칵 쏟아졌다.

"하나님, 제가 뭐라고…"

사람들로부터 축하와 선물을 받았다는 기쁨도 컸지만, 하나님으로부터 기도 응답이라는 생일 선물을 받았다는 것이 더 의미가 있었다. 물론 기도에 응답받지 못할 때가 더 많다. 그것 또한 선물이다.

생일선물로 받은 쿠폰으로 케이크와 치킨을 사서 엄마와 생일 파티를 했다. 함께 노래하고 촛불을 끄고, 나 낳느라 고생 많았다고 감사도 표현했다. 케이크와 치킨을 둘이서 꿀맛같이 먹었다. 오후 4시에 먹어서 저녁은 건너 뛰어도 되겠다 싶었는데, 6시가 되자 엄마가 배고프다 했다. 2시간 전에 먹어 아직 소화도 안됐다고 했더니 배가 이렇게 홀쭉한데 무슨 소리냐며 화를 냈다. 사실 엄마는 등이 굽어 배가 항상 쏙 들어가 있다. 남은 치킨 몇 조각을 데워드렸더니, 한 조각 달랑 맛보고는 배가 부르단다.

"아까 배고프다며? 치킨 달랑 하나 먹고 마냐?"
"배가 부른데 우야노!"
"아까 말했잖아. 두 시간 전에 먹어서 아직 소화 덜 됐다고. 내가 엄마 때문에 복장 터져 못 살겠다."
(엄마가 배를 탕탕 두드리며) "니가 복장 터지는지, 내 배가 불러 터지는지 모르겠다."

빨간 스마일 저금통

깜빡깜빡하는 엄마를 위해 젊었을 때 찍은 아버지 사진을 화장대에 올려놓았다. 아버지는 경찰제복이 잘 어울리는 멋진 외모에 성품도 좋았다.

"엄마, 손0하씨 기억나? 누구야?"
"……"
(이젠 남편 이름도 기억 못 하나 싶어 덜컥 겁나서)
"엄마, 기억 안 나?"
(가소롭다는 듯 쳐다보며) "와? 늙었다고 사랑이 어디 가나?"
"엄마, 영감 사진 가까이에서 보라고 여기 올려놨어. 자주 봐야 돼."
"거 영감이 어딨노?"
(이젠 시력까지 잃어가나 싶어) "엄마, 눈이 잘 안 보여?"
"거 영감이 어딨노? 잘~생긴 총각이 있구만!"

엄마가 아프니까 아버지가 자꾸 떠오른다. 무의식의 저편에 있던 아버지의 투병생활이 편찮은 엄마와 자꾸 오버랩 된다. 아버지도 이런 힘든 시간을 겪었을 테고, 엄마는 지금의 나처럼 옆에서 마음 졸이며 간병했을 것이다. 그 당시 간병했던 엄마는 환자가 되었고, 철없던 막내는 이제 엄마를 간병하고 있다.

돌아가실 때 아버지는 마흔 초반이셨다. 어느새 나는 그 나이를 훌쩍 지나 쉰에 접어들었다. 내 나이에서 바라본 마흔 초반은 여전히 젊고 한창때로만 보인다. 그 나이에 아버지는 3명의 자녀를 두고 세상을 떠난 것이다.

다섯 살 때 우리 가족은 아버지의 전근으로 경북 영양에서 고향인 대구로 이사 왔다. 일곱 살 무렵에는 사고가 있었다. 내가 끓여놓은 콩나물국 냄비를 모르고 발로 차서 다리와 발에 화상을 입었다. 동네 아줌마들이 간장과 된장을 발라 응급처치를 해줬고, 병원에 업혀가 치료를 받았다. 엄마는 내 종아리 흉터를 볼 때마다 늘 가슴 아파했다.

한여름에도 짧은 치마나 반바지를 입지 못했고, 입어야 할 상황이 오면 두꺼운 스타킹을 신어 흉터를 가렸다.

  초등학교 입학을 앞둔 1월 1일, 온 가족이 함께 떡국을 먹었다. 아버지는 떡국을 맛있게 드시고는 갑자기 마당에다 구토를 했다. 종합검진을 했고 직장암 판정을 받았다. 대학병원에서 수술을 받고 인공항문을 단 채 퇴원했다. 언니 말로는 수술 후 잠깐 복직했지만 곧 휴직하고 집에서 언니와 오빠 공부를 봐주며 그림이나 지도를 함께 만들기도 했다고 한다. 하지만 시간이 갈수록 통증이 심해져 결국 누워 있어야 했다. 아버지는 자신이 떠난 후 힘들면 오빠와 언니를 공장에라도 보내라고 했고, 엄마는 대답 대신 울기만 했다고 한다. 치유집회에 가자며 엄마가 권했지만 아버지는 가기 싫어 엄마와 다투기도 했다. 날계란에 참기름을 넣어 마시는 민간요법도 써보았지만 병세는 날로 깊어졌다.

  아버지는 암의 통증을 묵묵히 참았다. 보증을 잘못 서

서 재산을 다 잃고 병까지 얻었으니 자신을 돌보는 가족들한테 미안했을 것이다. 그래서 자신이 할 수 있는 일이라곤 고통을 견디는 것뿐이었을 것이다. 마지막 2~3개월은 앙상하게 야위어 무서울 정도였다. 가끔 의사가 방문해 링거를 놔줬고, 엄마는 아버지의 인공 항문에 묻은 변을 닦아주기도 했다. 겨울에는 아버지가 소변줄을 뽑아 솜이불을 적시자 엄마가 짜증냈던 기억도 난다. 그렇게 1년쯤 투병하다 결국 돌아가셨다.

장례식은 몇 장면이 또렷하게 생각났다. 언니와 집 옥상에서 초상 치르는 광경을 내려다보았고, 중학생 오빠는 상복을 입고 서 있었다. 엄마와 고모의 곡소리가 들렸고 아버지 동료일 것 같은 경찰복 차림의 남성이 슬프게 울었다. 영구차를 타야 하는지 그냥 있어야 하는지 몰라 언니와 우왕좌왕하다 누군가의 손에 이끌려 화장터까지 갔다. 어두컴컴한 곳에서 관을 따라가며 우는 사람들이 보였고, 특히 큰 아버지가 많이 울었다.

며칠 뒤 학교에 갔더니 선생님이 왜 결석했냐며 꾸중했고 그제야 나는 아버지가 돌아가셨다고 말하다 울어버렸다. 다음 날 반 친구 하나가 자기 엄마와 의논했다며 돼지 저금통을 줬고, 선생님은 그 애를 공개적으로 칭찬했다. 저금통을 내게 주면서 집에 가서 엄마랑 세어보고 얼마인지 알려달라고 했다. 몇몇 아이들은 사탕 같은 걸 줬는데 그게 어린 마음에 무척 창피했다. 그 후 애비 없는 애, 편모가정이라는 꼬리표가 따라다녔다.

장례식 후, 언니와 나는 시골 큰집에 보내졌다. 한겨울이라 추웠지만 볏짚 타는 냄새, 외양간의 소 울음소리, 아궁이에 장작 타는 소리가 참 좋았다. 옆집 아이들과 어울려 놀기도 했고 시골 장터에서 뻥튀기도 구경하며 돌아다녔다. 시골 화장실이 무서워 밤마다 언니를 깨워 갔던 일조차 행복하게 기억된다. 지금 돌이켜보면, 그 시기는 전원 생활을 통한 치유의 시간이었다.

아버지는 점차 기억 속에서 사라졌다. 엄마는 마음을

독하게 먹었는지 우리 앞에서 눈물을 보이지 않았다. 다만 명절 예배 시간만 되면 오열했다. 명절이 엄마에게 허락된 유일한 애도의 시간이었나 보다. 예배 도중 우리는 엄마의 눈물이 진정되길 말없이 기다리곤 했다.

최근에 아버지가 돌아가셨던 예전 집을 다시 찾아가봤다. 기억보다 골목은 좁고 집도 작았다. 내가 쪼그리고 앉아 엄마를 기다렸던 그 철대문은 그대로였다. 이 동네가 재개발되어 대기업에서 아파트를 건축한다는 소식이 있다. 살았던 집과 동네를 사진에 담았다. 아버지는 묘지도 납골당도, 유품도 없다. 젊은 시절의 사진 몇 장이 전부다. 아버지와 함께 살았던 집마저 사라지면 추억도 사라질까 봐 구석구석 사진에 담았다.

심리 상담을 받으면서, 사람은 죽은 이를 향한 충분한 애도의 시간을 가져야 하고, 어린아이라도 그 나이에 맞는 애도의 방법과 시간이 필요하다는 것을 알게 되었다. 아버지에 대한 기억은 대부분 병석에 누워있던 모습이었지만,

회복의 시간을 통해 건강했던 모습도 많이 떠올렸다.

한겨울 새벽에 들어올 때 담배 냄새가 밴 차가운 숨결도, 엄마가 차려준 콩나물국을 맛있게 드시던 모습도 생각났다. 출근할 때 온 가족의 배웅에 특히 나를 귀엽게 바라보시던 얼굴도. 특히 술 드시면 기분이 좋아져 우리 앞에서 엄마와 블루스를 추던 모습도 기억났다. 그날은 삼 남매의 둥글고 빨간 스마일 저금통 3개에 쨍그랑~ 동전이 들어가는 날이었다. 아버지가 술을 자주 드시면 좋겠다는 생각도 했다.

최초로 배운 영어가 아버지의 "해비 노~"였다. 내가 "돈 쩐~"(돈 주세요) 하면 아버지는 영어로 'Have No'를 그렇게 말했다. 값비싼 인형도 사주었는데 누우면 눈이 깜빡거리는 예쁜 인형이었다. 그 인형은 닳아 없어질 때까지 끌어안고 살았던 애착 인형이 되었다.

선풍기에 관한 일화도 생각났다. 새로 산 선풍기를 아

버지와 외판원이 설치하던 중, 아버지가 실수로 밥상 위 된장국에 주저앉았다. 엉덩이에 된장국이 잔뜩 묻어있는 모습을 보고 내가 배를 잡고 깔깔 웃었다.

온 가족이 새 옷을 곱게 차려입고 공원으로 소풍 가서 찍은 사진은 내가 제일 아끼는 것이다. 가족사진은 행복했던 유년의 기억을 증명해 주고 있다. 빛이 바랜 사진이지만 해가 갈수록 추억은 바래지지 않는다. 고되고 힘겨운 일을 겪게 될 때, 어린 시절 행복했던 기억은 현재를 버티고 견디는 힘을 준다.

내 안의 어린아이를 만나다

"곁에서 함께 할 테니, 필요하면 언제든지 전화하세요."

그 말을 듣자마자 울컥, 목 안에서 뜨거운 것이 올라왔다. '그래, 이 말이었나 보다. 그동안 내가 그렇게도 듣고 싶었던 말이…'

문화센터 미술치료반에 등록했다. 그림을 그리면서 나의 상처를 들여다보는 프로그램이다. 어설픈 초등학생처럼 그렸는데도, 내가 모르는 내가 드러났다. 나무를 그리면 가지가 없고, 사람을 그리면 작고 단순했고, 집을 그리면 대문이 없다. 현재의 나를 그리면 대부분 뒷모습이다. 벤치에 앉아있는 뒷모습, 빗속에 우산을 쓰고 있는 뒷모습인데 뭔가를 기다리는 듯하다. 공통적으로 그림 속 감성은 외로움과 두려움이다. 외로움은 이해하겠는데 왜 두려운지는 모르겠다. 선생님은 천천히 깊이 들어가 보면 깨닫게 되니 조급해하지 말라고 했다. 어릴 적 얘기를 잠깐 했더니, 선생님은 슬퍼서 눈물이 난다고 했다.

 아홉 살, 추운 겨울이었다. 나는 대문 앞에 혼자 쪼그려 앉아 누군가가 오기만을 기다렸다. 따뜻한 방엔 들어가지 않고, 추위에 떨며 그 자리에 있었다. 방 안에는 아버지가 계셨지만 투병 중이라 나는 무서워서 들어가지 못했다. 한참 후 엄마가 왔고, 그제야 방 안으로 들어갈 수 있었다. 아버지가 돌아가신 후엔 엄마마저 떠나버릴까 봐 늘 불안했다. "너네들 애먹이면 엄마가 도망간다."는 말을 친척들이 자주 했다. 그래서 난 착한 딸이 되어 엄마를 붙잡아야 했다. 다혈질인 언니와 엄마가 싸우기라도 하면, 엄마가 집을 나가버릴까 봐 안절부절못했다. 집에 엄마가 없으면 엄마를 찾아 돌아다닌 적도 있었다.

 "유년 시절, 절대 떠나지 않겠다고, 항상 함께 할 거라고 말해주는 어른이 있었더라면 치유되었을 상처인데 안타깝네요. 언제나 혼자라는 생각으로 살아와서 삶이 많이 외로웠을 거 같아요."라며 상담 선생님이 말했다. 선생님은 또 가장 중요하게 생각하는 단어가 뭐냐고 물었다. 한참을 생각하다 떠오른 단어는 '함께'였다. '외로움'의 반대가 '함께'가 아닐까 싶다. 내 상처는 어쩌면 이 '함께'가 지속되지 못해서 생긴 것인지도 모른다. 영원히 함께할 줄 알았던 아버지와의 불가항력적 이별은 어린 내게 큰 충격으로 다가왔다. 첫사랑이었던 일곱 살 많은 남자도 마찬가지였다. 큰 키에 동굴 저음을 가진 그는, 추운 겨울날 자기 외투를 벗어 덮어주기도 했고, 딸기 한 바구니를 사서 사무실에 툭 던져놓고 말없이 사라지는 그런 자상한 남자였다. 다만 자주 말없이 사라지고 잠수 타서 나를 애먹였고, 함께 하기 힘든 남자였다.

    인생을 살아가며 많은 사람이 필요한 건 아니다. 단지, 한두 명의 멘토만 있어도 사람은 살아갈 힘을 얻는다. 그 한두 명이 없어서 사람들은 세상을 떠난다. 외롭고 힘든 사람에게 '언제나 너와 함께 할 거야'라는 말처럼 위로와 힘이 되는 말도 없을 것이다.

나의 만만한 실험대상자

비싸서 엄두를 못 내다가 떨이로 나온 망고를 한 팩 사 왔다.

"엄마, 이거 열대 과일인데 달고 맛있어."
"어데 그렇게 생긴 과일이 있노?"
"외국에 있을 때 매일 먹었던 과일이야. 맛이 어때?"
"우예 이래 꿀맛 같노."
"엄마, 이 과일 이름이 망고야."
"머라꼬? 망고라꼬? 깔깔깔~ 과일 이름이 와 그렇노. 망할 망자를 넣어가지고. 깔깔깔~"
"망고, 이름 안 예쁘나?"
"맛은 있는데 이름이 얄궂다."
"영어로는 멩고라고 해."
"뭐라꼬? 맹구? 깔깔깔~"
"아니, 맹구가 아니고 멩고!"
"맹구나 멩고나. 이름이 와 그래 더럽노? 깔깔깔~"

엄마는 감정이 조금씩 사라져 가는데도, 기쁨과 즐거움은 여전히 남아있다. 엄마의 웃는 모습이 나의 소확행 중 하나다.

엄마는 젊은 시절부터 미용에 관심이 많았다. 미용체조도 자주 한 덕분에 유연성이 좋아 다리 찢기도 거뜬히 했다. 나는 따라 하라는 엄마의 잔소리가 귀찮아 미용체조를 외면했더니 뻣뻣한 통나무가 되었다. 엄마는 화장품도 직접 만들어서 사용했는데, 엄마를 통해 글리세린이라는 것을 처음 알게 되었다. 글리세린에 레몬을 잘라 넣어 만든 레몬 화장수를 얼굴과 몸에 발라서인지, 엄마 피부는 항상 윤기가 돌고 촉촉했다. 글리세린은 지금도 내가 애용하는 겨울철 필수템이다. 발꿈치가 트거나 피부가 갈라질 때 아주 효과가 좋다.

치매가 온 뒤로 엄마는 무엇을 하든지 대부분 귀찮아했는데, 얼굴팩이나 머릿결 좋게 하는 미용에 관한 일이라면 기꺼이 실험 대상자가 되었다.

첫 번째 실험은, 엄마의 새하얀 머리와 갈수록 늘어가는 나의 새치머리를 위해 천연염색에 도전했다. 기존 화학 염색약은 아무리 좋은 성분이라도 머릿결이 상해서 유튜버들이 소개하는 다양한 천연염색 방법을 따라 하기로 했다.

먼저 커피로 염색하는 방법인데, 그들의 주장에 따르면 서너 번만 염색해도 머릿결이 좋아지고 새치염색도 잘 된다고 했다. 커피가루를 물과 잘 섞어 적당한 농도로 엄마 머리에 듬뿍 발랐다. 비닐캡을 씌우고 1시간 넘게 기다렸다. 그런데 머리를 헹구는 내내 커피물이 빠져나와 나중에는 다시 허옇게 예전 머리가 되었다. 허리 아픈 엄마만 고생시켰다.

다음은 생강 끓인 물로 염색하는 방법이다. 생강은 커피보다 염색 효과가 더 좋다고 했다. 햇생강을 잘라 끓인 뒤 식혀서 그 생강물을 머리에 발랐다. 하지만 생강물이 얼굴로 줄줄 흘러내리는 바람에 엄마가 눈과 코가 너무 따갑다고 했다. 정성과 에너지가 고도로 투입된 시도였지만, 역시 실패였다. 생강은 역시 감기 걸렸을 때 생강차로만.

그 외에도 홍차를 진하게 끓여 발라보기도 하고, 레드와인도 처발처발했지만, 누리끼리한 변화조차 없었다. 왜 염색이 안되냐고 묻는 엄마에게 천연 염색이라 그렇다며, 대신 머릿결이 좋아지고 모근도 튼튼해진다고 허풍을 떨었다.

두 번째 실험은 요즘 핫한 식초로 점빼기다. 밀가루에 식초를 넣어 요지를 사용해서 점에 콕 찍어두면 식초에 들어있는 산 성분이 피부에 침투해서 점을 쏙 빼는 방법이다. 옛날 할머니들이 많이 했던 방법이라고 한다. 말투는 4,50대인데 새하얀 피부와 잡티 하나 없는 유튜버가 점, 기미, 주근깨, 쥐젖도 다 없앨 수 있다며 천사같은 미소로 말했고, 댓글에도 제법 성공했다는 얘기들이 있었다. 누구나 쉽게 따라할 수 있어 밑져봐야 본전이라는 생각에 그 대열에 합류했다. 우선 나부터 실험해 본 후, 잘되면 엄마 얼굴의 수많은 검버섯에도 도전해 볼 생각이었다.

  갱년기가 오면서 얼굴에 기미와 검버섯이 눈과 광대뼈 주변에 자꾸 생겨, 이번에 완전 박멸을 목표로 사과식초와 밀가루를 정성껏 섞어 요지로 콕콕 찍어 발랐다. 바르면 살짝 따갑다고 했는데 두세 시간 있어도 별 반응이 없었다. 베이킹파우더를 넣으면 더 잘된다고 해서 점과 기미들을 이 잡듯이 찾아 떡칠을 하고는 잤다. 다음날 아침에 거울을 보니 헉! 얼굴이 울긋불긋 난리가 나버렸다. 식초와 베이킹파우더가 내 얼굴을 제대로 공격한 것이다. 유튜버가 상처연고를 잘 발라주어야 한다고 해서 매일 발랐는데도 상처는 점점 더 커졌다. 피부과에 가야하나 걱정하다가 꾸준히 치료하면 낫겠지 생각하고 시간에 맡겼다. 코로나 덕분에 마스크로 가릴 수 있어 얼마나 다행인지 모른다. 그래서 빠졌냐고? 기미는 어림없었고 수많은 점 중에서 딱 하나만 빠졌을 뿐이다. 그것도 상처가 아무는데 6개월이나 걸렸다. 차라리 피부과 가서 점 빼는 게 더 낫다는 얘기다. 뭐든 돈을 써야 한다. 만고의 진리다.

그 외에도 얼굴을 하얗게 해주고 주름을 쫘악, 탱글탱글하게 해준다는 들깨팩, 율무팩, 효모팩 등 수많은 아까운 식재료들이 실험재료로 변신해 엄마와 내 얼굴을 거쳐갔고 냉동실에는 효과를 장담할 수 없는 이상한 가루들이 점점 쌓이기 시작했다. 정성에 조금이라도 감복하기를 바라는 것과는 반대로 내 피부는 갱년기 노화가 급속도로 진행 되었다.

참 순진한 생각이었다. 이런 방법이 효과가 있다면 피부과 의사들은 밥을 굶을 것이고, 당대 최고의 셀럽들을 통해 광고에 거액을 투자하는 화장품 회사들도 폐업했을 것이다. '유튜버들아~ 조회수 올리기 위해 그런 식으로 하는 건 아니지? 내 얼굴 물어내! 근데 효과 있다는 댓글들은 뭐지? 친구와 지인들인가? 댓글 알바생들인가?'

이렇게 민간요법 덕후는 실패를 처절하게 겪고 나서야 덕후생활을 청산했다. 하지만 나는 심심한 건 못 참는다. 오늘도 가만히 있지 않고 엄마를 가스라이팅 해서 또 뭔가를 사부작사부작 시도하고 있다.

누구나 묵묵히 버텨야 하는 때가 온다

백신 접종 때문에 걱정이 태산이었다. 엄마는 고위험군이라 가장 먼저 백신을 맞아야 했고, 첫 백신에다 부작용이 많다고 들어, 나는 온갖 걱정과 상상의 시나리오를 머릿속에서 끝없이 그려냈다. 어떤 자녀들은 부모의 백신 접종 전날 밤잠을 설쳤다고들 하던데, 나 역시도 그랬다. 잦아들었던 공황 증상이 다시 슬그머니 고개를 들고 있었다.

H 병원에 다닌 지 6개월이 지나자 공황 증상이 많이 좋아졌다. 한방정신과 선생님에게 배탈도 멈췄고 호흡도 좋아졌으니 치료를 마쳐도 되지 않겠냐고 조심스럽게 물었더니, 흔쾌히 그러자고 했다. 병원을 나서면서 룰루랄라, 발걸음이 얼마나 가벼웠는지 모른다. 가끔 갱년기 증상이나 공황이 '뽕' 나타나기도 했지만 금세 사라져 일상에 큰 지장이 없었다. 그랬는데 엄마 백신 접종을 앞두고 지나치게 걱정했던 탓인지 다시 호흡이 가빠지고, 배가 사르르 아파왔다.

이동 수단도 고민이었다. 접종 장소인 시민운동장까지 내 걸음으론 15분 정도지만, 허리와 무릎이 아픈 엄마에게는 무리였다. 버스로 한 정거장 거리라 택시 타기도 애매해서 고민 끝에 휠체어를 구입했다. 몸집이 작은 엄마에게 맞는 중국제 3단 접이식 산책용 휠체어다. 공단에서 등급만 받았어도 저렴하게 대여할 수 있었는데 아쉬웠다. 첫 시승식을 백신 맞으러 가는데 사용하게 되었다. 산책용이라 작고 가벼워서 좋긴 한데, 치명적인 단점이 있었다. 바퀴가 일반용에 비해 작아 턱을 만나면 넘어서지 못하고 그냥 멈춰 서버렸다. 뒷발판을 밟아 앞바퀴를 들어 올려야만 넘어설 수 있었다.

오후 1시가 접종 시간인데 30분 전에 도착하라고 했다. 4월인데도 날씨는 28도까지 올라가서 한여름 더위를 방불케 했다. 우여곡절 끝에 도착하니, 백여 명의 노인들이 천막 안에 빼곡히 앉아 있었다. 30분을 기다린 끝에 안으로 들어가 접수증을 받고 신분증 확인과 병력 상담을 거쳐 접종했다. 후유증 여부를 확인하기 위해 다시 15분간 대기한 후 모든 절차가 끝났다. 3주 후에 있을 2차 접종도 안내까지 받은 후 집으로 왔다. 며칠 동안 후유증을 걱정하며 지켜봤으나 팔이 조금 붓고 접종 부위에 약간의 열감이 있는 것 외엔 별 이상이 없었다.

2차 접종하는 날이 되었다. 1차 때처럼 휠체어로 갈 생각을 했지만, 당일 날씨가 30도가 넘는다고 했다. 엄마가 더위에 탈 날까 걱정되어 후배인 교회 목사님께 픽업을 부탁했더니 출장이 잡혀 어렵다고 했다. 결국 카카오택시를 불렀다. 택시 기사는 도착하자마자 휠체어를 보더니 버럭 화부터 냈다.

"아니, 장애인 택시를 불러야지 왜 일반 택시를 불러요?"
"죄송해요, 처음이라 몰랐어요. 미니 휠체어라 뒷트렁크에 들어갈 것 같아서."
"휠체어 안 들어가요." 불같이 화를 냈다.
"그럼 어떡하실래요? 그냥 가실래요?"

그랬더니 트렁크를 열어 휠체어를 던지듯 밀어 넣었다. 휠체어가 3단 접이식이라 충분히 들어갈 줄 알았는데, 택시에 설치된 가스통 때문에 문이 닫히지 않았다. 기사는 또 씩씩거리더니, 목적지가 바로 근처니 그냥 이대로 가겠다고 했다. 3분도 안 되는 거리였지만, 그는 계속 짜증을 쏟아냈고 그때마다 나는 죄인처럼 머리를 조아렸다. 도착 후 잔돈은 괜찮다고 했더니 그제서야 표정이 좀 누그러졌다.

그날 처음으로 '휠체어 사용자'로서 세상을 경험했다. 평생 이렇게 살아야 하는 장애인들과 그 가족들은 얼마나 많은 불편과 수모를 겪으며 살아갈까? 겪어보지 않고서는 절대 알 수 없다. 우리는 모두 잠재적 장애인이다. 언제 어떻게 될지 아무도 모른다. 선진국이 되었지만 의식수준은 여전히 아쉽다.

2차 접종은 1차 때보다 수월했다. 대기자도 적어서 기다릴 필요 없이 금방 끝났다. 택시를 잡기 위해 도로변으로 이동하려는데 택시 한 대가 바로 앞에 멈춰 섰다. 접종하기 위해 승객이 택시 타고 온 것이다. 승객이 내리자 택시기사에게 휠체어가 있는데 타도 되는지 물었다. 그는 흔쾌히 뒷좌석에 휠체어를 넣으라고 말했다. 마치 구세주를 만난 듯했다. 가는 동안 택시 기사의 얼굴에 짜증이 보이지 않아 마음 편하게 갈 수 있었다.

다음 날, 엄마는 열이 38도까지 올랐다. 타이레놀과 보리차, 칡차를 끓여 드렸다. 약 복용 후에도 37.8도에서 좀처럼 내려가지 않았다. 1차 때보다 팔 붓기는 덜했지만, 열이 문제였다.

어르신들이 백신 접종 후 입맛이 없어 고생한다는 말에, 영양섭취에 신경을 써 삼계탕, 꽃등심, 곤드레나물밥, 영양밥 등을 차려드렸다. 식사는 다행히 잘 했다. 3일째가 되어서야 열이 조금씩 떨어졌고 엄마도 기운을 차렸다. 무사히 끝냈다는 안도감과 그간의 긴장이 풀리면서 몸살이 찾아왔다. 혼자 끙끙 앓다가 서러움이 섞인 화가 났다. 나는 늘 이렇다. 위기의 순간은 잘 이겨내면서 위기를 벗어나는 순간 바닥을 친다. 엄마가 무사해서 감사해야 함에도 왜 자꾸 화가 나는지 모르겠다. 코로나 바이러스에게 화가 나는 건지, 지랄맞은 택시 기사인지, 독박간병의 고통을 함께 나누지 않는 오빠와 언니인지, 아니면 하나님인지... 그분은 요즘 나의 고통에 격려의 박수만 치시는 듯 하다. "그래, 잘하고 있어. 조금만 더 힘내."라며. 고통의 무게를 짊어진 사람에게는 칭찬의 박수가 아니라 무게를 덜어 주어야 한다.

이렇게 계속 견디는 것 외에는 다른 방법이 없는 거겠지? 누구에게나 이해할 수 없는 버팀의 시간은 오기 마련이지만, 무작정 견딘다는 것은, 끝이 보이지 않는 어둠 속을 홀로 걸어가는 것처럼 고독한 시련으로 느껴진다.

다시 찾은 추억의 교회

'차를 사야 하나? 내가 엄마 교회로 옮겨야하나?' 이 두 가지는 지난 1년 동안 계속 머릿속을 맴돌던 고민거리였다. 차를 사려고 대리점이며 렌터카, 중고차 시장을 여러 번 둘러봤지만, 가격이 비쌌고 마음에 드는 차도 없었다. 무엇보다도 망설인 것은 내가 운전 트라우마가 있다는 것이다. 공황증세까지 생겨 결국 포기했다. 이제 휠체어도 구입했으니 엄마 교회는 도보로 10분 밖에 되지 않아 산책 삼아 한번 가보기로 마음먹었다.

최근 엄마는 인지 검사에서 18점을 받았다. 예전의 22점에서 확연히 떨어졌다. 기억력 항목에서 특히 많이 떨어졌다고 한다. 이러다 자녀 얼굴도 못 알아보는 건 아닐까 걱정되었다. 코로나 핑계로 엄마를 너무 집에만 머무르게 했나 싶어 자책이 들었다. 외출을 거의 하지 않아서인지 손톱이 울퉁불퉁해졌다. 무슨 병인가 걱정돼 검색해 보니, 칼슘이나 비타민D 부족이라고 했다.

엄마를 모시고 교회에 가면 엄마 친구들을 만날 수 있으니 정서에도 좋을 것 같아 내가 다니던 교회에 양해를 구한 뒤 가기로 했다. 코로나 이전까지만 해도 엄마는 혼자 택시를 타고 교회를 다녔다. 우산이나 지팡이를 두고 내린 적도 있었지만, 가끔 착한 택시 기사를 만나면, 아파트까지 찾아와 경비실에다 엄마의 지팡이를 돌려주기도 했다.

코로나 발생 후, 1년 넘게 교회에 가지 못하고 영상 예배로만 드렸다. 그 사이 치매는 더 진행되었고, 허리와 다리 통증도 심해져 걷는 것조차 힘들어졌다. 코로나 상황이 좋아지거나 백신 접종을 마치면 직접 모시고 가야겠다 생각했는데 이제 접종도 끝나 오늘 실행하기로 마음먹었다.

교회에 가려면 준비해야 할 일들이 많았다. 휠체어를 확인하고 목욕도 시키고, 기저귀를 채우고, 물과 손수건, 휴지, 마스크도 챙겨야 했다. 오전 9시인데도 날씨가 꽤 더웠다. 휠체어를 미는데 땀이 줄줄 흘렀다. 특히 30여 미터 경사로에서는 깔딱 고개를 오르듯 숨을 헐떡였다.

　우여곡절 끝에 교회 입구에 도착했더니 방역 발판이 가로막고 있었다. 휠체어 바퀴가 걸려 넘지 못하자 누군가 치워줘 겨우 들어갔다. 그 후에도 큐알코드, 체온 측정, 손 소독 등 통과해야 할 절차들이 있었다. 안내자의 도움을 받아 엘리베이터를 타고 2층으로 올라갔다. 예배 시작 10분 전인데도 이미 만석이었다. 한 줄씩 띄어앉았기 때문이었다. 엄마를 맨 뒷자리에 앉히고 휠체어를 접어 문 뒤에 두고 자리에 앉았다. 감사하게도 어떤 분이 에어컨 때문에 엄마가 추울까 봐 무릎담요를 가져다주었다. 덮어주려다가 깜짝 놀라고 말았다. 엄마가 어느새 마스크를 벗고 생글생글 웃고 있는 게 아닌가? 당황한 채 마스크를 찾았지만 보이지 않았다. 주머니를 여기저기 뒤지다 마지막으로 바지 주머니에 손을 쑥 넣었더니 고이 접어둔 마스크가 나왔다. 다음엔 꼭 여분을 챙겨야겠다.

　엄마 교회는 사실 나도 어릴 적부터 다녔던 곳으로 직

장 생활로 떠났다가, 무려 20년 만에 다시 온 것이다. 서먹하고 어색하면서도, 한편으론 익숙하고 친근한 곳이었다. 그 사이 목사님과 교역자들은 모두 바뀌었지만, 주일학교 시절 나를 가르치던 선생님들은 이제 어르신이 되어 앞자리에 앉아 계셨다. 함께 자랐던 동기들과 선후배들은 장로나 권사가 되어 있었다.

강대상을 바라보는 순간, 오랫동안 잊고 있었던 추억들이 하나씩 떠올랐다. 유년 시절 성탄절 때, 한껏 꾸민 무대에서 예쁘게 차려입고 춤을 추기도 했고, 고등부 때 동기들과 티격태격하며 중창단 활동도 했다. 대학부 때는 선후배가 모여 삑사리 내면서도 웃고 떠들며 성가 발표회도 했고, 요리를 못해 밥을 태우고 어설픈 반찬을 만들던 여름 수련회도 떠올랐다. 나의 성장기에 보석처럼 소중하고 빛난 시간들이었다.

예배가 끝나자, 사람들이 엄마를 알아보고 반가워했다. 1년 넘게 보지 못했고 마스크를 쓰고 있었는데도 알아봐

주는 이들이 있어 뭉클했다. 목사님도 엄마를 보고 반가워했고, 엄마도 목사님을 알아보았다. 목사님이 엄마를 붙잡고 기도해 주실 때, 나도 모르게 눈시울이 뜨거워졌다. 하지만 멀찍이서 엄마를 쳐다보며 "저렇게까지 해서 교회에 나와야 하나?"라며 혀를 차는 교인도 있었다. 고생스럽게 나오지 말고 집에서 그냥 영상 예배를 드리라는, 걱정에서 비롯된 것이라 믿고 싶다.

교회 문을 나서는데, 어릴 때부터 같이 자란 친구가 멀리서 알아보고는 큰 목소리로 내 이름을 불렀다. 나처럼 싱글로 살 줄 알았는데 늦게라도 정신차리고 후배와 결혼해서 이제 어엿한 초등학생 아들을 둔 친구였다. 구운 생선을 먹을 때, 자기 남편이 항상 가시를 발라준다며, 내가 생선가시를 이 잡듯 모조리 빼낼 때까지 젓가락 들고 천연덕스럽게 대기하는 친구다. 큰 입술에 새빨간 립스딕올 바르고는 언니와 함께 '지랄발광' 유튜브 채널을 전혀 지랄발광스럽지 않게 운영하고 있다. 그 친구는 헐레벌떡 뛰어와서는 휠체어에 탄 엄마를 보자마자 펑펑 울었다. '가쓰나,

울기는…' 마음 깊은 곳에서 온기가 느껴졌다.

혼자 묶여 있는 작은 새

평소 존경하는 황선생님은 '가계도'라는 독특한 방법을 사용하여 상담하신다. 예전에 들었던 강의가 인상 깊어 상담을 신청했다. 해외에 계셔서 Zoom으로 진행했는데, 그런 방식도 나쁘지 않았다. 선생님은 내 얘기를 들으며 할아버지 세대부터 부모님, 형제들까지 가계도를 그려나갔다. 가계도를 통해 가족 간의 역학 관계, 성향의 형성 과정, 숨겨져 있던 상처들을 하나씩 드러냈다. 나를 객관적으로 들여다볼 수 있는 통찰의 시간이었다.

상담 첫날, 선생님은 심도 있는 대화를 통해서 나를 일깨워 주었다.

▶일관성 있게 같은 선에 서 있고, 그 여정을 계속 걷고 있다.
▶최선을 다해 살아왔고, 문제를 잘 돌파하고 있다.
▶그러나 인생의 단락마다 그때그때 감정 처리를 하지 못했다.

▶위기 앞에서 감정을 다루는 방식이 미숙하다. 어릴 때, 부정적인 감정뿐만 아니라 긍정적 감정도 표현하지 못했던 것 같다.

다섯 살 무렵, 집에서 머리를 세게 부딪혀 이마에 큰 혹이 났었다. 구석에서 혼자 훌쩍거리고 있던 나를 발견한 엄마는 이마의 혹을 보자, 다른 애들 같으면 대성통곡을 했을 거라며 나를 안고 위로해 주었다. 태어나 첫 예방접종 때도, 대부분의 아기들은 우는데 나는 울지 않았단다. 엄마는 어릴 때부터 참을성이 많았다고 주변에 자랑삼아 이야기했다. 태어날 때부터 그랬는지 아니면 환경 때문인지 모르지만, 어떤 아픔이든 잘 참는 아이였던 것 같다. 슬퍼도, 화가 나도, 두려워도 잘 참았다.

둘째 날 상담에서는 더 깊이 들어갔다. 내가 모르는 내가 거기에 있었다.

▶작은 새가 혼자 끈으로 묶여 있다. 그 끈은 감정의 끈이다. 여러 감정 중 두려움과 수치심이 크게 자리하고

있으며, 이는 존재적 불안을 일으킨다. 두려움이 습관과 성품이 되어 굳어졌다.

▶작은 새는 모든 것을 아버지의 죽음과 연관 지으려 한다. 그러나 이제는 누구의 문제인지 자각해야 한다. 나의 문제다. 이 감정을 해결할 수 있는 사람은 바로 나다.

▶부정적 감정은 표현되어야 한다. 분노와 비난은 다르다. 분노로 상대방을 비난하지 말고 내 분노를 올바르게 표현하는 방법을 연습해야 한다.

나는 분노를 표현하는 방법이 서툴렀다. 화가 나도 대부분 참았는데, 분노가 통제할 수 없이 터져버린 일이 몇 번 있었다. 그 사건의 공통점을 발견하면 분노의 원인을 알 수 있을 것 같았다.

첫 번째는 유럽 패키지여행에서 발생한 일이다. 그룹여행에서 총무를 시켰다. 어릴 때부터 산수를 못해 계산의 공포가 있는 나를 그들이 강제로 떠맡겼다. 여행 첫 날부터 스트레스가 심했다. 3개국을 버스로 이동하면서 여행하는 형태라 공동구입물품, 간식, 단체 식사 등 계산할 게 많았다. 더구나 그 당시는 미국 달러를 독일, 스위스, 프랑스 화폐로 일일이 환전해야 했고, 단체 식사 시 팁까지 계산해야 했다. 결국 고생은 고생대로 했지만 9만원 정도 펑크가 났다. 돈만 만지면 종종 있던 일이었고 그럴 때마다 조용히 내 돈으로 처리했기에 이번에도 그렇게 하려고 했다.

그런데 내 이야기를 들은 선배언니가 나를 위한답시고 나 몰래 사람들에게 얘기해 돈을 더 거둔 모양이었다. 내가 조용히 넘어가려고 했던 이유는, 그렇게 할 경우 분명 불만이 나올 것이고, 그러다 사람들 간에 다툼이 일어날 수 있기 때문이었다. 그런데 그 우려가 현실이 되었다. 한 사람이 불평했고 돈 걷는데 앞장섰던 사람들과 대판 싸움이 났다. 그 사람은 10원 단위까지 정산 보고하라고 소리 질렀다. 그 사실을 뒤늦게 알고는, 날 위해 애써준 사람들에게 분노를 쏟아냈다.

"왜 더 거둬서 이 난리를 만들어? 내가 그냥 처리하면 조용히 끝났을 거 아냐? 고생하고 욕 얻어먹고 이게 뭐야?"

결국 밤새워 정산 보고서를 만들었다. 마지막 날 버스 안에서 10원 단위까지 말했고, 산수를 못해 죄송하다고 했다. 모두들 박수 치며 훈훈하게 마무리됐다.

파리의 에펠탑, 몽마르트 언덕, 루브르 박물관의 멋진 풍경보다, 어느 후미진 호텔방에서 밤새 계산기 두드렸던 기억이 더 선명하다. 그 후부터 누구든 총무를 시키려고 하면 입에 거품부터 물었다.

두 번째 사건은 친한 언니와 그리스 산토리니를 여행할 때였다. 급하게 일정을 잡은 탓에 준비 시간이 별로 없어 언니는 아테네, 나는 산토리니 두어를 맡았다. 아프리카의 느려터진 인터넷으로 정보를 겨우 다운받아 왔는데 산토리니에서 계속 뭔가 어긋났다. 비싼 호텔도 사진과 다르게 누추했고, 버스 정류장도 달라 계속 땡볕에서 헤매야 했다. 게다가 산토리니의 운전사나 주민들은 영어도 안통하고 불친절했다. 투어, 식당, 교통편, 돈계산 등 모든 것을 혼자 하다 보니 우왕좌왕했고 도움은커녕 불편한 기색의 언니에 대한 분노 게이지가 서서히 올라갔다.

두 번째 예약한 호텔로 버스를 타고 이동했는데, 버스 종점이라는 곳이 건물 하나 없는 무인도 같은 해변이었다. 쉴 만한 곳도, 지나가는 차도 없었다. 해변의 땡볕 아래에서 헤매다 우여곡절 끝에 겨우 지나가는 택시를 잡아타고 호텔로 왔다. 호텔에 도착하자마자 기다렸다는 듯 천정이 뚫릴 정도로 파이팅(fighting)을 했다.

"니는 왜 빨리 뭘 할 생각을 안 하고 핸드폰만 쳐다보면 우야노?"
"핸드폰에 다운받은 정보를 다시 확인하고 있었던 거야. 그래야 어떻게 할지 알 거 아니가?"
"니가 핸드폰만 보고 있는 게 답답해서 안카나?"
"그럼 언니는 그동안 뭐 했노?"

"나는 영어가 안 되잖아."
"외국에서 몇 년 살았으면서? 못하면 바디랭귀지라도 해야지. 왜 나만 쳐다보면서 짜증이나 내고 있노?"

두 동양인 여자가 방에서 알아듣지도 못할 괴성을 지르며 싸우는 소리를 들은 호텔 직원들은 어떤 생각을 했을까? 다행히 손님은 우리뿐이었다. 다음날 호텔 직원들이 우리를 힐금힐금 쳐다보았고, 우리는 가능하면 최대한 조신하고 착하게 보이려 애썼다.

세 번째는 아프리카 차드에서 일어났다. 주말에 한인 집들이에 초대받았다. 나를 포함해 직원 셋은 정해진 시간에 주차장에서 만나기로 했다. 시간이 되어 주차장에 가보니 아무도 없었다. 기다리는데, 40도의 태양은 머리 밑을 돋보기로 태우는 듯했다. 두통이 있어 약을 먹고 하루 종일 누웠다 나온 상태였다. 슬슬 짜증이 올라와 전화했더니 집에 가서 20분 더 있다가 나오라고 했다. '아니, 진작 알려줄 것이지.' 짜증이 났지만 집에 들어가 침대에 다시 누웠다. 20분 후 다시 주차장에 갔더니 역시 아무도 없었다. '아무리 만만한 지부장이라도 그렇지? 직원들이 나를 똥개 훈련 시키나?'

다시 전화했더니 부리나케 한 명이 달려왔다. 왜 혼자 오냐니까 차에 시동을 걸더니 간사를 태우러 집으로 다시 가야 한다는 거다. 집으로 갔더니 밖에 나와 있지 않았다. 도대체 뭐하고 있냐니까 그제야 이실직고를 했다. 현지여성에게서 간사가 레게머리를 땋고 있다는 거다. 최소 3시간 이상 걸리는 머리를 하고 있었던 것이다.

'처음부터 진작 그렇게 말할 것이지.' 뒷좌석에 앉아 있다가 그만 폭발하고 말았다. "안 가! 둘이서 알아서 가!" 그러고는 집에 와 침대에 드러누웠다. 두통약은 약발이 다 했다. 한참 후, 머리를 다 땋은 간사와 직원이 침대가 있는 방 창문 쪽을 두드리며 죄송하다고 했다. 편두통이 심하니 둘이 알아서 가라고 했다.

다음날 자고 일어났더니 두통은 사라졌고, 미안한 생각이 들어 사과했지만 마음에 오래 남았다. 얼마든지 이해할 수 있는 일이었다. 레게머리를 한 채, 창문을 두드린 간사의 모습이 웃기기도 하고 미안하기도 하다. 나 때문에 레게머리는 간사에게 평생 트라우마로 남았을 것이다.

이 세 가지 분노폭발 에피소드의 공통점은, 나의 수고나 노력이 인정받지 못하는 상황이 되풀이되면 분노가 일어난다. 힘들고 어려운 일을 잘 견디긴 하지만 그 일에 대한 격려나 지지가 없으면 화가 나는 것이다. 나는 여러 인간의 욕구 중 인정의 욕구가 강한 사람이었다. 이런 종류의 사람은 주변의 지지가 없으면 분노감이나 좌절에 빠지기 쉽다.

그래도 나는 주로 친밀하고 편한 사람들에게만 화를 냈다. 화를 내도 나를 이해해 줄 거라 믿었기 때문이다. 반면 낯설고 불편한 사람들에게는 싫은 소리를 못하고, 부당한 대접을 받아도 따지지 못했다. 갈등 상황이 생겼을 때 주로 피하거나 참는 것을 선택했다.

이런 분노의 감정은 요즘도 마찬가지다. 결혼하지 않은 상태에서 나이는 자꾸 들어가고 돈도 없는 데다 일조차 할 수 없는 상황이 지속되니 불안하고 수치심도 있다. 나의 노력과 수고에 대한 어떤 보상도 기대할 수 없이 그냥 세월만 보내는 것 같아 형제들에게 자꾸 화가 났다.

전 직장에 대한 후유증도 한몫했다. 선한 사람들이 선한 방식으로 선한 일을 하는 곳이라 믿어 진심으로 일했다. 깊고 무거운 주제에 대해 다양한 의견을 경청하고 수렴해서 건강한 소통으로 풀 수 있으리라 믿고 기대했지만, 관리자들에게는 쉽지 않은 과제였나 보다. 또한 해외사업장에서 오랫동안 전우처럼 믿고 의지했던 동료들의 침묵이나 방관도 아팠고, 수고에 대한 인정이나 격려도 없는 상태에서 떠난 것도 상처가 되었다. 그럼에도 불구하고, 여전히 세상은 선하다고 믿으며 계속 선한 일을 쌓아가려 한다.

분노라는 감정을 가만히 들여다보면, 긍정적인 부분도 꽤 보인다. 의욕과 열정이 있어야 분노도 생기는 법이다. 무기력하면 화낼 힘조차 없지만, 뭔가 시도하려고 애쓰고 노력할 때 나타나는 감정이다.

이젠 화가 나면 감정을 드러낸다. 언니나 친구에게도 막 들이댄다. 그러다가 불편한 마음이 들어 후회하기도 한다. 분노를 올바르게 표현하는 게 아직은 서툴다. 연습이 필요하다.

노마드와 정착민

아프리카의 마사이족은 전형적인 노마드 삶을 살았다. 그들은 소떼를 몰고 풀을 찾아 이동하며, 산과 들을 삶의 터전으로 삼았다. 그들의 용맹성은 맨손으로 사자를 때려 잡는 것으로도 유명했다. 그러나 가뭄으로 사막화가 진행되면서, 더 이상 소떼를 몰고 다닐 수도, 맨손으로 사자를 잡을 수도 없게 되었다. 비자발적인 정착민이 되어 생업도 목축에서 농업으로 전환할 수밖에 없었다. 다만 그들의 용맹성은 창을 들고 펄쩍펄쩍 뛰는 춤으로만 남아있다. 내가 만났던 마사이족은 그저 느리고 평화롭고 순박했다.

김영하 작가의 '네가 잃어버린 것을 기억하라'에 이런 글이 있다. '편안한 집과 익숙한 일상 속에서, 나는 삶과 정면으로 맞장뜨는 야성을 잃어버렸다. 의외성을 줄이고 예기치 않은 상황에 처한 자신을 내려다보며 내가 어떤 인간인지 즉각적으로 감지하는 감각도 잃어버렸다. 나는 모든 것을 갖고 있었기에 그 어느 것에 대해서도 골똘히 생

각할 필요가 없었는지도 모른다.'

　내게도 야성의 시절이 있었다. 아프가니스탄에서 난방이라곤 나무난로 하나뿐인 방에서 동상 걸린 발을 녹이며 겨울을 보냈던 적도 있었다. 하루 두세 시간만 전기가 들어왔고 수돗물도 자주 끊겼다. 목욕하려면 가스불에 물을 데워야 하는 불편함 속에서도 힘든 줄을 몰랐다. 말라리아에 걸려 끙끙 앓으면서도, 나도 드디어 훈장 하나 달았다며 자랑했다.

　'한 달에 500달러로 생활하기'도 실천했다. 아프가스탄에서 가깝게 지냈던 JTS라는 단체의 영향이기도 했다. 그들은 국제 빈곤선(하루 1달러 이하로 사는 사람들을 절대빈곤층으로 정의, 2022년 9월 기준 하루 $ 2.15)인 하루 1달러 이하의 삶을 실천했다. 본인이 거주하고 있는 국기의 서민들의 생활 수준에 맞추어 살고 있었던 것이다. 하루 한 끼만 먹는 것 아니냐고 웃으며 물었더니, 삼시 세끼 다 먹고 나름 풍족히 산다고 했다. 식재료가 저렴해서 가능한 부분도 있었다. 어쨌든 이들의 삶이 멋져 보였다. 풍요로운 자본주의를 역행하며 소박하게 사는 삶에 고무되어, 나도 한 달에 생활비 500달러로 살아보려 했다. 아프리카에서는 고물가 탓에 쉽지는 않았지만 가능하면 맞추려 했다. 그런 나를 스스로 뿌듯해하며 살았다.

그러던 어느 날, 진짜 고수를 만나버렸다. 새로 파견된 우리 사무장이었다. 다들 큰 가방 하나와 기내용 캐리어를 들고 오는 게 대부분인데, 그녀는 어중간한 크기의 가방 하나 달랑 들고 나타났다. 1년 동안 입을 옷이 손에 꼽을 정도였고, 화장품도 서너 개뿐이었다. 출장이나 여행갈 때도 캐리어가 아닌 작은 배낭 하나 달랑 멨는데, 그 속에는 여벌 옷 조금과 세면도구만 들어있어 거의 도 닦는 사람의 짐이었다. 이런 사람만 있으면 시장경제가 붕괴될 거라며 소비를 촉진시켜야 기업도 살지 않겠냐고 놀려댔다. 그렇다고 짠순이나 구두쇠는 절대 아니다. 식당에서는 기꺼이 잘 샀다. 단지 소유나 소비에 별 관심이 없을 뿐이었다.

한국에 돌아오니 모든 것이 편리했다. 추위와 더위를 막아주는 아파트에 살면서 겨울 동상 걱정도, 떨면서 샤워할 일도 없었다. 교통 시스템과 인터넷 속도는 세계 최고 수준이고, 가성비 좋은 물품들이 넘쳐났다. 한동안 나는 간병으로 생긴 내적 결핍을 충동적인 물건 구입으로 보상받으려 했다. 그러다 보니 안정감과 편리함을 주는 환경과 물건들에 치여 자꾸 안일하고 무뎌졌다. 노마드 인생에서 정착민이 되면서 안정감과 편리함을 얻는 대신, 열정과 생기를 잃어가고 있었다.

그땐 젊어서 불편함을 잘 견뎠나? 나이가 들면 노마드 생활이 어려울까? 기회가 된다면 다시 도전해 보고 싶다.

"같이 갈래요?"

나를 치유한 구호현장

아픈 엄마 때문이기도 하고, 나 역시 점점 나이가 들어가면서 죽음에 관한 공부가 필요함을 느꼈다. 그렇게 관련 책들을 찾아 읽다가 「어느 날, 죽음이 만나자고 했다」를 접하게 되었다.

이 책의 저자는 '국경없는 의사회' 소속으로 내전 중인 레바논의 시리아 난민 진료소에서 구호활동을 했다. 그 후 에볼라 바이러스가 창궐하던 시에라리온에 들어가 환자들을 치료해 한국인 최초의 에볼라 의사로 불리게 되었다. 우울증을 앓고 있던 그는 타인의 아픔을 껴안는 과정에서 자신의 내면을 치유하는 과정을 이 책에서 담담하게 그려냈다. 책을 읽는 내내 마치 나 자신을 들여다보는 것 같았고 저자의 정서가 고스란히 전해져 마음이 아프면서도 깊은 울림이 있었다.

'왜 살아야 하나?' 이 질문은 중학교 때부터 내 안에 있었다. 사춘기가 시작되면서 이유 없이 우울해졌고, 그 무렵의 한 사건이 나를 더 깊이 가라앉혔다. 친구관계가 중요한 중학교 1학년 때, 내가 피하고 싶은 유형이 내 짝이 되었다. 머리에 허옇게 뭔가 있었고, 코찔찔이에다 잘 씻지 않은 듯 냄새가 났다. 또 공부도 못 하면서 고집은 셌다. 영어시험을 치고 서로 바꿔서 점수를 매겼는데, 내 점수가 형편없었다. 놀라서 살펴보니, I am을 I'm으로, you are를 you're로 쓴 것을 다 틀렸다고 해놨다. 줄임말을 그 애는 이해하지 못한 것이다. 맞다고 하라니까 틀린 것을 왜 맞다고 해야 하냐며 나를 나쁘다고 했고 결국 싸우게 되었다. 짝이어서 붙어 앉았으나 며칠 동안 서로 말을 하지 않았다.

그러던 중 무용 시간이 되었다. 하필 짝과 손잡고 왈츠를 배우는 날이었다. 우리가 손을 잡지 않지 않는 것을 본 선생은 갑자기 음악을 끄더니 다 앉게 하고는 천천히 우리에게 다가왔다.

"너넨 뭔데 손을 안 잡아?"

작은 키에 백설공주에게 사과를 준 마녀처럼 생긴 선생이 다그쳤다. 그러자 짝은 기다렸다는 듯 속사포로 말했다.

"나는 손잡고 싶은데, 쟤가 안 잡으려 해요."

그러자 그 마녀는 더 묻지도 않고 앉아 있는 내 머리와 어깨를 마구 때렸다. 나는 그때까지 엄마나 누구에게도 맞아본 적이 없었다. 결국 눈물 뚝뚝 흘리며 짝꿍의 손을 잡고 춤을 춰야 했다. 춤이라는 것은 즐거울 때 추는 것인데도 말이다.

교실로 돌아와 책상에 엎드려 한참을 더 울었다. 짝은 미안하다고 사과하면서 화해를 청했지만, 쉽게 용서되지 않았다. 그 후 뒷자리에 앉은 애들 둘이 싸웠고 역시 무용 시간에 손을 잡지 않았다. 그러나 마녀는 힐끗 한번 쳐다

보기만 할 뿐 아무 말도 하지 않았다. 열네 살의 아이가 바라본 그녀는 어른이었지만 정말 어쩌다 어른이 되었는지 일관성이 없었다.

그 무렵, 일기를 써서 담임에게 제출하는 숙제가 있었다. 담임이 국어교사라 본인이 만든 과제였다. 일기장에 죽고 싶다는 내용을 잔뜩 썼다가 불려갔다. "한창 좋을 나이에 얼굴도 예쁘면서 왜 죽고 싶냐?"고 물었다. '삶이 너무 슬프고 재미도 없어 죽고 싶다.'라는 말도 못 한 채 그저 서럽게 울기만 했다.

공무원 8년 차 때 또 우울증이 왔다. 시골에서 혼자 살면서 직장 다니다 보니 외롭고 무기력해졌다. 다행히도 그 무렵 '내적치유'와 '힐링 프로그램'이 국내에서 붐을 일으키고 있었다. 관련 서적들을 탐독하고 지인들과 나누기도 하고 여러 세미나에도 참석하면서, 타인들의 삶을 듣고 나를 깊이 들여다볼 수 있었다. 그때의 경험은 나의 내면을 조금씩 단단하게 만드는 계기가 되었다.

우울증의 원인은, 뇌의 감정 조절하는 신경전달물질이 불균형하거나 결핍이 생기면 나타난다는 생물학적 원인도 있고, 유전적, 심리적 요인이나 환경적 요인도 있다고 한다. 내 경우는 인생의 목표를 잃었을 때, 무기력할 때, 무능하고 초라하게 느껴질 때 우울하다. 우울이 지속되면 죽고 싶어진다. 재미없는 삶의 고통에서 벗어날 수 있을 것이라는 막연하고 추상적인 희망 때문이었다. 그러나 역설적으로 나는 해외의 구호 현장에서는 삶의 의욕이 불타올랐다. 굶주리는 아이들에게 영양식을 주고, 열악한 환경에서 출산 중 사망하는 산모들을 위해 보건소를 짓고, 마실 물이 없어 병들어가는 사람들을 위해 우물을 팠다. 그들을 살리는 것이 곧 나를 살리는 길이라 생각했던 것이다. 어쩌면 나는 죽고 싶었던 것이 아니라 열정적으로 즐겁게 살고 싶어서 발버둥을 쳤던 것이다.

구호현장에는 처절한 환경 속에서도 감사하며 살아가는 이들이 있었다. 집도 없이 무너진 건물 안에서 위태하게 살아가는 사람, 지뢰로 한쪽 발을 잃어 걷기도 힘든 사람, 한 끼 먹을 식량이 없어도 웃음을 잃지 않는 사람들이 있었다. 정신이 번쩍 들었다. 풍요로움 속에서도 감사하지 못하고 자신을 불행하다 여기고 우울하게 살았던 지난날이 후회되었고 그렇게 보낸 시간이 너무 아까웠다. 이들을 어떻게 도울수 있을지에 몰입하며 살다 보니 어느 순간 우울증과 죽고 싶던 마음이 사라졌다. 이곳에서는 나 자신이 무기력하고 초라하게 느껴질 일도 없었고, 무엇보다 우울할 겨를이 없었다. 좁은 시야를 벗어나자 세상에는 재미있고 보람되고 즐거운 일들이 참 많았다. 그리고 할 수 있고 하고 싶은 수많은 일들이 나를 필요로 하고 있었다. 인생의 목표를 발견하면서 나는 망설임 없이 그곳을 향해 달려갔고, 12년 동안 즐겁게 해외사업 현장을 누비고 다닐 수 있었다.

내가 가면, 그게 길이 된다

공무원 때, 고속도로 터널 안에서 앞서가던 차들이 갑자기 속력을 줄이자 바로 앞 트럭을 안전거리 미확보로 들이받은 적이 있었다. 그 충격으로 트럭은 앞에 있던 그랜저를 들이받았다. 나는 두 차량 모두 보상해 주었고, 앞부분이 완전히 망가진 내 차도 수리했다. 덕분에 보험료는 크게 올랐다.

또 한 번은 겨울 아침 출근길에서 또 사고가 났다. 눈이 조금씩 쌓이고 있었는데, 내리막 경사가 있는 커브길에서 차가 조금씩 미끄러지기 시작했다. 조심스레 브레이크를 밟았더니 차가 획 돌면서 낭떠러지에 떨어지기 직전에 멈췄다. 급히 비상등을 켰는데도 결국 앞에서 오던 차와 뒤에서 내 차를 피해 내려오던 차가 충돌하고 말았다. 두 차량 모두 속도를 내지 않아 큰 사고는 아니었지만, 앞 범퍼와 보닛 일부가 부서졌다. 그 후 겨울에 눈이 내리기만 하면 기억이 떠올라 운전할 때 긴장했고, 가끔 악몽을 꾸기도했다. 브레이크가 듣지 않아 공포스러웠던 장면이 꿈에 자주 등장했다. 운전 트라우마가 생긴 것이다.

나는 아프가니스탄에서 직접 테러를 당하거나 현장을 목격한 적은 없었다. 단지 집 근처에서 자살폭탄 테러가 몇 차례 발생했는데, 그 충격으로 건물이 지진 난 것처럼 심하게 흔들렸고, 우리 숙소의 벽엔 금이 가고 유리창이 깨진 경험을 했다. 며칠 불안했으나 그럭저럭 잘 지냈다. 그곳에 살면서 겪는 일상이었다.

여러 해가 지나 다른 국가로 파견되었다. 아프가니스탄에 비하면 치안이 괜찮은 편이었지만, '쿵'하는 소리만 나도 화들짝 놀랐고, 천둥소리나 비행기 소리에도 폭탄 터지는 소리 같아 온몸이 잔뜩 움츠러들었다. 오랜 시간이 지났고 장소가 바뀌었는데도 무의식 속에 있던 트라우마가 나타났던 것이다.

바로 얼마 전 일이었다. 코로나에 걸리지 않은 사람은

감기를 심하게 앓는다고 하더니, 나는 일주일 넘게 독감처럼 심하게 앓았다. 그날도 기침으로 잠을 설치고 있었는데 화장실에서 쿵 소리가 났다. 얼마나 소리가 컸던지 놀라서 후다닥 나가보니 엄마는 정신이 나간 듯 주저앉아 있었다. 화장실에서 나오다 중심을 잃고 벽에 머리를 부딪힌 것이다. 겉으로는 아무 이상이 없어 보여 어디가 아프냐고 물었더니 머리가 아프다고 했다. 머리를 이리저리 살피다가 기겁하고 말았다. 옆머리에 탁구공만 한 혹이 발견된 것이다. 엄마는 구토증세도 보였다. 뇌진탕 같아서 119를 불렀다.

첫 한파가 몰아치던 새벽에 119에 실려 응급실에 도착했다. 대기 인원이 많아 입구에서 추위에 떨며 기다려야 했다. 엄마를 간호하면서도 나는 쉴새 없이 기침을 했다. 가방 속에 사탕이 있어 그걸 물고 견뎠다. 엄마는 CT와 엑스레이 검사상 큰 이상이 없어 수액만 맞고 퇴원했다. 구토 증상은 며칠 더 이어졌다가 회복되었다. 엄마의 뇌진탕은 이번이 처음이 아니었다.

노인들은 다리에 힘이 없어 매일 근육운동을 하지 않으면 낙상을 당하기 쉽다. 주변에서도 혼자 사는 노인들이 화장실에서 넘어져 고관절을 다치는 사고가 흔히 발생했다. 코로나로 인해 바깥 외출을 거의 못했더니 엄마도 다리가 많이 약해졌다.

1년 전에도 엄마는 화장실에서 설사를 하고는 갑자기 의식을 잃고 쓰러지면서 문지방에 이마를 부딪혔다. 피 흘리며 쓰러진 엄마를 지혈하고 119를 불러 응급실에 갔다. CT 결과 이상이 없어 이마를 12바늘 꿰맨 후 퇴원했다.

일주일 후, 경과도 볼 겸 실밥을 빼러 오라고 했다. 의사는 이마의 실밥을 빼면서 엄마의 마스크를 코 아래까지 내렸다. 잠깐이었지만 그게 마음에 걸렸었는데, 며칠 뒤 엄마는 밤새 기침을 했다. 다음 날 아침 일찍 병원에 가서 검사하니, 우려했던 대로 코로나 감염이 맞았다.

엄마의 기침을 밤새 온몸으로 받아낸 나는 다행히 음성이었다. 고위험군이라 전담 병원에서 매일 두 차례 전화로 상태를 체크했다. 기침과 산소포화도가 약간 낮은 것이 걱정 되었다. 영양식과 약을 챙기고, 식기와 방을 매일 소독했다. 다른 증상은 금방 잡혔지만, 기침은 오래갔고 보름이 지나서야 차도를 보였다. 코로나로 사망한 분들은 장례도 제대로 치르지 못했다는 소식을 들으며, 얼마나 가슴 졸였는지 모른다.

당장 엄마방과 화장실 바닥, 문지방과 가구 모서리에 보호대와 충격방지 스펀지를 다 깔았다. 그후 작은 소리에도 깜짝깜짝 놀랐고, 잠을 자다가도 자주 깨어 엄마를 확인했다. 외출 시에는 불안감이 높아 신경이 곤두섰고, 볼일만 보고 집으로 급히 돌아왔다. 한동안 나는 이렇게 후유증에 시달릴 것이다.

누구나 살면서 정신적 충격이나 공포를 경험할 때가 있다. 그렇다고 그게 모두 트라우마로 연결되지는 않는다.

사람마다 성향이 다르고, 상황의 심각성에 따라 달라진다. 나의 이런 트라우마를 어떻게 극복할지 고민하다가, TV에 나온 김영미 PD의 말에서 해답을 얻었다.

그녀는 아프가니스탄, 남수단 등 분쟁지역과 오지를 오가며 그곳의 참상을 사실적으로 전달하는 분이다. 평생 전쟁터를 누비는 일은 웬만한 무림의 고수가 아니면 감히 엄두를 낼 수 없다. 아프가니스탄에서는 아쉽게도 직접 만나지는 못했지만, 활동가들 사이에서는 명성이 자자한 분이었다. 테러를 당해 다친 경험이 있음에도, 마치 남 얘기하듯 고생담을 담담히 풀어놓았다. 얼굴 표정이나 몸짓에서 상처나 트라우마의 흔적이 잘 느껴지지 않았다. 그녀는 자신의 트라우마를 이렇게 표현했다.

"항상 두려움이 있어요. 트라우마 때문인지 천둥소리가 폭격 소리 같기도 해요. 누군가 언젠가 내 짐을 정리할 날이 올 수도 있고, 내가 과연 노후라는 걸 누릴 수 있을까도 생각하죠. 인간은 내일을 알 수 없으니까요. 트라우마는 이미 경험했기에 어쩔 수 없어요. 이건 내가 평생 안고 가야 할 숙명이죠. 어차피 이 트라우마를 얻었으니, 그럴 바에는 피디로서 크로스 체킹된 전문지식을 쌓아 현장에서 충실히 살고 싶어요."

처절한 고통을 겪고, 실패의 긴 터널을 통과해온 사람만이 가질 수 있는 삶에 대한 이해와 감사, 그리고 인간에 대한 따뜻함을 지녔다. 내공이 깊고도 단단해서 참 닮고 싶은 분이다. 마지막으로 김영미 PD가 말했다.

"아프리카 남수단에서 길을 잃고 헤매던 어느 날, 한 시골 여성이 해준 말이 생각나요."
"00 가려면 어디로 가야 해요?"
그랬더니 그 시골 여인이 이렇게 말했어요.
"네가 가는 게 길이야. 네가 가면, 그게 곧 길이 된다."

남수단의 한 시골 아낙네가 너무 멋진 말을 했다. 단지 길을 묻는 이에게 인생의 길까지 가르쳐 준 것이다. 트라우마의 공포에 갇혀 아무것도 시도하지 못할 때, 차라리 그 모든 것을 인정하고 받아들이며 나만의 길을 만들어가면 되는 것이다. 인생의 길을 잃어버리고, 많은 문제들 속에서 답이 보이지 않을 때는 묵묵히 걷다 보면 어느새 그게 길이 되는 것이다. 비록 느리더라도 한 걸음 내딛을 때마다 길은 새롭게 열리고, 그 위에 희망이 피어날 것이다.

괜찮아, 이건 문제도 아니야

문화센터 갔다가 집 엘리베이터에서 내리는데 무슨 냄새가 났다. 엘리베이터 바로 앞이 우리집인데, 뭔가 타는 냄새 같았다. 서둘러 문을 열고 들어갔더니 집안이 온통 연기로 가득 차 있었다. 그 매캐한 연기 속에서 엄마는 텔레비전을 보며 웃고 있었다.

외출할 때, 밥상에 국을 떠놓고 나가면 엄마는 전자레인지에 한번 데워 점심을 먹는데, 그날은 내가 깜빡하고 국을 따로 떠놓지 않았다. 엄마는 국을 데우려고 가스레인지를 켜놓고 잊어버린 것이다. 얼른 가보니 스테인레스 냄비 바닥에 건더기만 시커멓게 남았고 냄비는 약간 우그러져 있었다. 내가 국을 넉넉히 끓여놓고 나간 게 그나마 다행이었다. 가스 잠금이 20분으로 설정돼 있어 국이 그 시간 동안 끓다가 꺼진 것이다. 만약 국이 조금만 있었더라면 큰일 났을지도 모른다.

얼른 모든 문을 활짝 열고 환기를 시켰다. 나는 눈이 따가웠지만, 엄마는 기침도 하지 않고 눈만 말똥말똥 뜬 채 나를 쳐다보고 있었다. 반나절을 열어놓았는데도 탄내가 없어지지 않았다. 나는 자동 타이머를 20분에서 10분으로 줄였다. 아무리 센 불에 끓여도 10분 안에 다 타지는 않을 것이다.

오후 4시, 의사 소견서를 받으러 병원에 갔다. 예전에 한번 실패했던 건강보험공단에 엄마의 등급을 재신청하기 위해서다. 엄마와 내 신분증, 가족관계 증명서를 챙겨갔지만, 당사자가 없으면 발급이 안된다고 했다. 작년에도 나 혼자 왔던 것 같다고 하니 엄마가 직접 왔다면서 이틀 후 다시 모시고 오라며 재예약을 해주었다. 내 기억에 착오가 생긴 것이었다. 엄마와 같이 병원에 가는 것은 내가 힘들어하는 일 중 하나다. 외출하려면 목욕을 시키고, 옷을 갈아입히고, 기저귀를 채우고, 휠체어에 태워야 한다. 머릿속에 모든 과정이 그려지니 한숨이 저절로 나왔다. 병원에 간 보람 없이 지친 걸음으로 집에 돌아오니, 엄마는 배탈이 났는지 기저귀를 세면대에 던져두고, 팬티를 욕실 바닥에 벗어놓았다. 속옷을 빨면서 오늘 하루 좀 버겁다는 생각이 들었다.

해외에서 일할 때, 현지인들에게 매일 들었던 말이 있다. 바로 "노 프라블럼(No problem)"이다. 아시아든 아프리카든 상관없이 모두 이 말을 해서 글로벌 언어로 여겨졌다. 낡아빠진 택시나 오토바이를 탈 때 불안한 눈빛으로 바라보면 바로 "노 프라블럼"이 날아왔다. 말라리아에 걸렸을 때 의사직원에게 나 죽을 것 같다고 해도, 장거리 출장 중 폭탄 테러라도 만나면 어떡하냐고 해도 마찬가지다.

사실 "노 프라블럼"이라고 말해주면 불안할 때는 적잖이 안심이 되기도 했다. 개발도상국은 사실 문제가 없는 게 아니라 문제투성이다. 숱한 문제들 속에서도 "노 프라블럼"이라고 내뱉고, 상대적으로 상황이 나은 우리는 매일같이 "프라블럼"을 달고 산다. 그들이 원래 낙천적인 것은 아니다. 워낙 열악하고 고된 삶이라 웬만하면 큰 문제로 여기지 않는 것이다. 그들에게 "노 프라블럼"은 만트라처럼 어려운 상황을 극복하게 해주는 주문이라고 볼 수도 있다.

어쨌든 그들에게서 '프라블럼'이라는 말을 들어본 적이 거의 없었지만, 딱 한번 아프리카에서 일할 때 슬럼지역 학교운영위원회 사람들이 "빅 프라블럼 (Big problem)"이라며 떼로 몰려온 적은 있었다.

학교 내에 과학실을 짓는 특별사업이었는데, 그들은 건축 예산을 투명하게 오픈하지 않는 매니저를 신뢰할 수 없다며 항의성 면담을 요청했다. 건축은 규정에 따라 공개입찰로 선정하고 있어 예산 비공개는 당연했는데도 억지를 부렸다. 그들은 자신들이 밀고 있는 무허가 건축업체를 선정하기 위해 수를 쓰려는 것이었다. 총괄 매니저에게 처리하라고 했더니 쩔쩔 매는 모양새였다. 미팅 중간 즈음에 내가 들어갔다.

"얘기를 들어보니 정말 '빅 프라블럼'이네요. 건축 전인데도 이런 컴플레인이 나오는 걸 보니, 이 사업은 학교 발전에 도움이 안될 것 같네요. 아예 사업을 취소하면 어떨까요?"

그러자 갑자기 태도를 바꾸고는 당신은 슬럼지역의 사정을 잘 모른다고 했다. 나도 슬럼지역 출신이라고 했더니 농담인 줄 알고 다들 웃었다. 나도 달동네 출신이라 당신들의 슬럼지역이 고향같이 느껴진다고 했다. 사실이었다.

'빅 프라블럼'이라며 몰려왔던 운영위원들은 머쓱한 얼굴로 '노 프라블럼'이라며 서둘러 떠났다. '노 프라블럼'이 긍정 뿐만 아니라 부정적으로 사용될 때도 있지만, 별일 아닌 듯 여기며 어려운 상황을 재빨리 이겨나가는 모습에서 삶의 지혜가 엿보이기도 했다.

엄마가 화장실에서 다쳤을 때와 연이어 코로나에 걸렸을 때, 내 머리 속에는 '노 프라블럼' 대신 '만약에'라는 시나리오를 붙들고 고통스러워했다. 그때 엄마가 도넛을 먹지 않았더라면 배탈이 나지 않았을 것이고, 화장실에서 쓰러지는 일도 없었을 것이다. 진작 바닥에 쿠션을 깔았더라면, 의사가 마스크를 내릴 때 막았더라면... 그 빌어먹을 '만약에'를 붙들고 한참을 자책했다. 붙들고 있어봐야 해결에 도움이 안 되는 걸 알면서도 생각이 꼬리에 꼬리를 물고 이어진 것이다. 사고는 누구에게나 일어날 수 있고 나의 능력 범위를 넘어선 일이다. 사고 후에는 대처에만 집중하면 된다. 여러 방법 중 이 '노 프라블럼 마인드'도 꽤 좋다는 생각이 들었다.

어쩌면 '노 프라블럼'은 '문제가 아니다'는 뜻보다는 '이건 내게 문제도 안돼!' 이거나 '괜찮아, 충분히 이겨낼 수 있어'라는 응원과 격려의 의미를 내포하는 것 같다. 오래전에 헤어진 현지 직원들이 내게 중요한 가르침을 주었다.

'오늘 여러 가지 일들이 있었지만, 그래도 노 프라블럼!'
은근히 효과가 있다.

피눈물 나는 미용사 도전기

밖에는 비가 보슬보슬 내리고 있었다. 아파트 바로 앞 상가 미용실에 지금 가야 했다. 엄마의 파마(공식적으로는 펌임) 예약을 해두었기 때문이다. 우산 하나로 엄마를 부축해 가는 도중, 갑자기 보슬비가 비바람으로 몰아쳐 엄마와 나는 홀딱 젖고 말았다.

그로 인해 엄마는 며칠 감기로 고생했다. 그 일이 있은 후, 나는 미용을 배우기로 결심했다. 엄마를 모시고 미용실에 가서 파마를 말고 헤어캡을 쓴 후, 집에 돌아와 한 시간 반(흰머리는 시간이 더 걸린다) 있다가 다시 가서 풀면, 왕복 두 번에 엄마도 나도 완전히 뻗는다. 그래서 이제부터 집에서 해야겠다고 마음먹었다. 기초만 몇 달 배우면 할머니 파마나 단순한 커트 정도는 할 수 있으리라 생각했다.

문화센터는 국가에서 운영하는 곳이라 교육비가 저렴

했고 재료비만 부담하면 되었다. 막상 배우기 시작하니, 아예 중급반까지 교육받고 자격증까지 따는 분위기였다. 실습반도 있어서 그것까지 하려면 생각보다 오래 걸릴 것 같았다. 우리 초급반 동기들은 30대부터 60대까지 연령대도 다양했는데, 자격증을 따서 미용실을 차리려는 사람도 있었지만, 대부분은 봉사활동이나 가족을 위해 배우고 있었다.

미용 강사는 앞으로 1년 동안 사람 머리에 손댈 생각은 하지 말라고 했다. 하지만 실습을 해야 실력이 늘지 않겠나? 배운 지 3개월 만에 엄마의 '뽀글이 파마'에 도전하고야 말았다. 가발로만 연습해서 실제 사람 머리는 역시 어려웠다. 사람의 머리카락은 가발처럼 일정하지 않고 잔머리가 많아 파마롯드에 머리카락이 말리지 않고 옆으로 다 훌러덩 빠져나갔다. 강사가 함부로 사람 머리에 손대지 말라고 했는지 알 것 같았다. 35분 안에 말아야 하는 걸 거의 한 시간 걸려 완성했다.

파마를 말고 난 후 방치 시간은 머리카락 상태에 따라 다른데, 흰머리나 굵고 뻣뻣한 머리는 1시간 이상, 손상된 머리나 가는 머리는 20~30분 내외로 해야 한다. 머리가 파마약에 타버릴까 걱정되어 30분만 방치한 후 중화제를 뿌리고 헹궜다. 굵은 롯드를 사용했고 좋은 파마약을 썼더니 웨이브가 덜 나온 듯했지만, 첫 작품치곤 제법 괜찮았다. 친구에게 사진을 보냈더니 '베이비펌' 같다며 잘 나왔다고 했다. 이 맛에 미용사들은 고된 노동에도 불구하고 계속 일하나 보다. 미용을 배우면서 미용사들을 존경하게 되었다. 그날 미용반 단톡방에 엄마 사진을 올렸더니 다들 난리였다. 그리고 며칠 후, 어떤 이는 초등학생 아들 머리를, 누구는 남편 머리를 볶기 시작했다. 불쌍한 가족들~

필기시험 통과 후, 본격적으로 자격증 시험준비에 돌입했다. 시중 미용학원은 하루 종일 배우고 연습하지만, 이곳은 주 3회 하루 2시간 30분 동안 연습한다. 그래서 학원은 3~4개월 내 자격증 취득이 가능하지만 이곳은 1년을 잡아야 한다.

우리 기수에서 가장 먼저 시험에 도전한 사람은, 그리 실력이 뛰어나진 않지만 성실성 하나만은 확실한, 바로 나였다. 시험은 총 5과목으로 샴푸와 두피클리닉, 염색, 커트, 드라이, 파마로, 3시간 반을 서서 시험을 봐야 한다. 국가 자격증이라 60점 이상을 받아야 합격이며 상대평가이다. 20명이 동시에 시험을 치는데 평균 서너 명 정도만 합격할 정도로 어렵다. 4시간 가까이 화장실도 안 가고 시험을 쳤더니 집에 올 때 다리가 후들거렸다. 그래도 잘 본 것 같았다. 선생님은, 첫 시험은 대부분 55~58점으로 불합격한다고 했지만, 난 60점은 넘지 않을까 자신만만했다. 겁대가리 없이.

2주 후, 드디어 발표가 났다. 원패스를 기대하며 홈페이지에 들어갔더니, 대문짝만하게 '불합격'이라고 떡하니 적혀 있었다. 그 아래에는 52점이란 아주 초라한 점수가 보였다. '아니, 내가 뭘 제대로 못한 거야?' 꼭지가 확 돌았다. 무식하면 용감하다고, 곧바로 두 번째 원서를 접수했다. 그런데 이 원서 접수도 장난이 아니다. 대학교 수강신청 만큼 치열하다. 접수 시작 10분 전부터 모니터를 잡아먹을 듯 쳐다보다, 10시 땡 하자마자 게임 대회에 참가하듯 키보드를 연신 다다다다~ 두드려야 한다. 시험 횟수는 적은데 신청자는 많아, 원하는 날짜는 1분도 안되어 마감된다. 빛의 속도로 접수한 두 번째 시험도 초라한 성적으로 실패, 연속 세 번째까지 도전했지만 역시 탈락이었다.

시험을 치르려면 파트너가 필요하다. 샴푸 실기 때문인데, 보통 동기끼리 서로 파트너가 되어준다. 새벽같이 함께 가준 파트너에게 너무 미안했다. 게다가 한달 이상을 하루 종일 연습했더니 손과 다리는 퉁퉁 붓고 무릎도 심하게 아팠다. 언니한테 "미용실 차릴 것도 아닌데 다 때려 치울까?" 했더니 "무슨 소리냐? 열 번은 도전해야지!"라며 펄쩍 뛰었다. 하긴, 얼마 전 TV '세상에 이런 일이'에 대구 사는 70대 할머니가 수십 번 도전 끝에 합격했다는데, 그에 비하면 아직 명함 내밀 처지는 아니다.

속절없이 해가 바뀌었고 그동안 나는 엄지손가락에 굳

은 살이 박히도록 파마를 말았다. 5과목 중 가장 어려운 게 파마다. 파마는 합격을 좌우할 정도로 중요하지만 실력이 빨리 늘지 않는 과목이다. 어깨와 팔에 파스를 덕지덕지 붙여가며 꿋꿋이 연습해서 네 번째 도전을 했다.

보통 시험 직전에 좌석 배정을 위한 번호 뽑기를 한다. 안정적인 위치를 잡으려면 뒷번호가 좋은데 하필 2번이 나왔다. 앞 번호 1번은 젊은 남성이었는데 처음 시험을 치는지 재료 세팅도 미숙하고 우왕좌왕했다. 미용 강사의 표현에 의하면 이런 사람은 내게 아주 감사한 사람이다. 상대평가이기에 내가 유리한 입장에 서게 되는 것이다. 이런 생각으로 임했어야 했는데 나는 대한민국의 오지랖 넓은 중년 여성이었다. "사용하지 않을 때는 헤어 드라이기를 빼는 게 좋다, 우측에서 드라이해야 편하다"라며 준비 시간에 조곤조곤 알려줬다. 앞에서 감독관이 나를 빤히 쳐다보는 게 느껴졌다. 나의 이 오지랖은 결국 가장 처참한 점수로 돌아왔다. '입 닥쳤어야 했는데, 너나 잘할 것이지, 주제 파악도 못하고.'

한 달 후 다섯 번째 도전을 했지만 아슬아슬하게 불합격했다. 이번에는 커트 시험 때 끝마무리를 하다가 손가락이 가위에 스쳐 피가 살짝 났다. 빛의 속도로 몰래 밴드를 붙였지만 심사위원이 봤나 보다. 다치면 감점이다. 다쳐서 서럽고 감점돼서 속상하고, 탈락해서 창피했다. 미용반 사람들은 나보고 멘탈 갑이라고 치켜세웠다. 보통 서너 번 떨어지면 포기하는데, 다섯 번이나 떨어지고도 태연하게 연습하러 나오니까 도 닦은 줄 안다. 쪽팔려 죽을 지경인데도.

두 달 후, 여섯 번째 시험에 도전했다. 그 사이 동기와 후배 다섯 명이 합격해서 실무반에 들어갔고, 나는 똥차가 되어 있었다. 나를 포함해 늙은 똥차 세 명이 함께 도전했다. 시험 2시간 전, 황금색 청심환을 질겅질겅 씹어 먹었다. 마시는 건 효과는 빠르지만 빨리 깨는 단점이 있다. 지난번에는 시험 중간에 약발이 떨어져 낭패를 본 적이 있었다. 이번엔 씹는 걸로 바꿨더니 역시 약발이 오래갔다. 아무튼 3시간 반이 정신없이 지나갔다. 시험 때, 롯드나 고무

줄을 떨어뜨리면 감점인데, 지난번엔 롯드가 고무줄과 함께 팅~ 팅겨나가 나도 모르게 "헉!" 소리를 내기도 했다. 실수해도 노련하게 넘겨야 하는데 초짜는 그게 어렵다. 이번에는 정말 조심했는데, 마지막에 파마 종이가 에어컨 바람에 휙 날리더니 나비처럼 나풀나풀 대다가 떨어져버렸다. 1점 감점! 그래도 함께 시험 본 똥차 언니들과 이번엔 정말 합격할 거라며 서로 격려했다.

일주일 후, 발표가 났다. 마침내 합격! 아주 우수한 성적으로! 그동안 아팠던 손목과 무릎 통증이 영광의 상처가 되었다. 이젠 후배들이 벌써부터 진을 치고 있는 실무반에 비집고 들어가 실무를 익히면 된다.

"나는 이제 헤어 디자이너다. 와~ 박수 치란 말이다!"

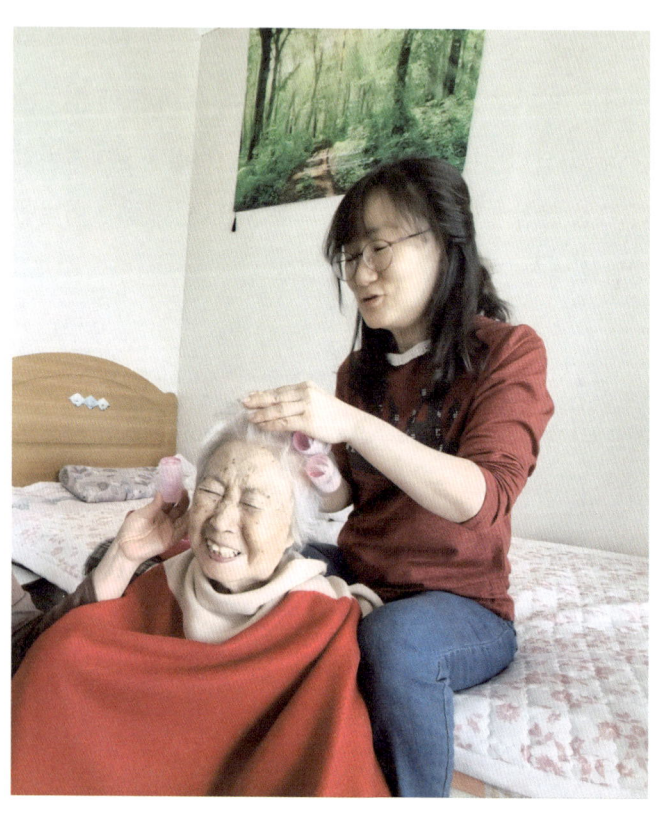

낡아질수록 새로워지는 것들

엄마는 그동안 식사와 약 복용을 규칙적으로 잘해온 덕분에 급격히 나빠지진 않았다. 다만 치매의 여러 증상이 단계적으로 조금씩 나타났다. 초기에는 감정 기복이 심했지만 서서히 부정적인 감정은 무디어졌다. 식성은 많이 변했는데, 잘 드시던 두부나 삼계탕 같은 영양가 있는 음식보다는, 크림빵이나 아이스크림 같은 달달이들을 좋아하셨다.

연말에 엄마와 둘이서 한 해를 보내면서 송구영신 예배를 드렸다. '지금까지 지내온 것 주의 크신 은혜라~' 찬송가를 부르고, 시편 139편을 함께 읽었다. 마지막으로 기도하고 난 후 엄마에게 말했다.

"엄마, 내게 새해 덕담 한마디 하셔."
"무슨 덕담?"
"한 해 복 많이 받고, 잘 살 수 있게 해달라고 딸한테 덕담해야지?"

"하이고~ 무신 말이고? 니는 지금까지 산 것처럼 그래 살면 된다."

"아니, 복이나 은혜 많이 받으라는 그런 말 좀 해보라고."

"하이고~ 지금까지 그래 마이 받았으면 됐지 뭘 더 바라노?"

 기운 없어, 들리지도 않는 목소리로 찬송하고 기도하던 엄마가 갑자기 큰 목소리로 단호하게 말해서 깜짝 놀랐다. 나를 쳐다보는 눈이 밝게 빛나 경이로운 순간이었다. 나는 가끔 엄마를 통해 하나님의 음성을 듣는다.

 작년 추석에 오빠네 식구들이 내려왔다. 올케가 가져온 음식을 푸짐히 차려놓고 엄마에게 식사기도를 부탁했다. 사실 엄마는 2년 전부터 기도를 하지 못했다. 예전에 한번 시켜봤더니 못 한다고 해서, 그럼 짧게라도 하라고 했더니 "하나님, 감사합니다. 아멘!"으로 정말 짧게 끝내버렸다.

이번에도 마찬가지일 거라 생각했기에, 오빠나 내가 기도하려고 했다. 그런데 갑자기 엄마의 기도가 터지기 시작했다. 다들 깜짝 놀랐다. 더 놀라운 건, 기도가 예전과 완전히 달랐다는 거다. 엄마의 명절 기도는 항상 가족의 건강과 복을 비는, 여느 부모의 마음을 담은 기도여서 우리가 거의 외우다시피 했다. 그런데 이번 기도는 평소 엄마가 쓰던 어휘나 문장이 아닌 신령하고 거룩했다. 기억나는 한 문장은, "자녀와 손자들이 이 세상에서 주의 일에 쓰임 받는 선한 하나님의 일꾼이 되길 원합니다."였다. 기도가 끝나자, 다들 깜짝 놀라 한동안 아무 말도 못 하고 엄마를 쳐다 봤다. 물론 엄마는 방금 드린 기도를 기억하지 못했다. 올케가 돌아가는 길에 다시 기도를 부탁했지만 못한다고 했다. 오빠네 가족뿐만 아니라 우리 모두에게 유언처럼 남긴 기도라는 생각이 들었다.

비슷한 일이 병원에서도 있었다. 병원에서 수술 전 금식할 때 섬망 증세가 나타났다. 평소 힘이 없어 미동조차 없던 엄마가 잠시도 가만히 있지 못했다. 의자에 앉아 엄마 손을 붙잡고 엎드렸다. 그러자 갑자기 엄마가 기도하기 시작했다. 하나님의 선하심을 고백하고, 감사와 회개의 기도가 엄마의 입에서 한참 흘러나왔다. 거의 3분 가까이 이어지다가 마침내 조용히 잠들었다. 신비로운 장면이었다.

 엄마는 이제 삶을 서서히 정리하려는 것 같다. 자녀들은 이제 각자 가정이 안정되어 가고, 손자들도 성인이 되어 자기 길을 가고 있다. 아마도 엄마는, 해외를 유랑하던 막내 딸이 외로울까 봐 지금까지 그 자리를 지키고 있었는지도 모른다. 엄마를 보면, '겉사람은 후패하나 속사람은 날로 새로워진다'는 성경구절이 생각난다. 엄마의 영성은 더 깊어지고 더 풍성해지는 것 같다.

우리 요양보호사 선생님

건강보험공단의 등급 판정을 다시 받기 위해 재신청을 했다. 지난번엔 엄마의 높은 점수로 인해 등급 외 판정을 받았지만, 이번에는 우여곡절이 많아 등급을 받을 수 있을 것 같았다. 뇌진탕으로 인한 후유증과 코로나에 걸린 후 몸의 기능이 떨어져 제대로 걷지도 못했다. 다친 후 6개월이 지나야 재신청이 가능하다고 해서, 6개월째 되는 달에 신청했다.

 지난번에 왔던 그 싹싹한 직원이 다시 방문했다. 지난번보다는 대답을 못했지만, 핵심 질문인 생년월일과 주소는 여전히 또렷하게 대답했다. 나는 옆에서 휠체어로만 이동이 가능하다는 점과 기저귀 사용도 강조했다. 또, 지난번 등급에서 제외된 것에 대한 불만도 털어놓았다.

 "엄마는 휠체어 타고 교회 가는데 등급 외 판정이 나오고, 엄마 친구는 혼자 걸어서 교회 가는데 4등급 나왔다.

이게 말이 되냐? 나 이래 봬도 사회복지 공무원 출신이다, 장애인 등급 업무를 담당했던 사람이다" 라고 억울함을 토로했더니, 이번에는 4~5등급 정도는 나올 것 같다고 했다. 등급 받는 목적이 뭐냐고 물어서 요양보호사 신청을 고려하고 있다고 했다. 주간보호센터 이용도 생각했다가 애초에 포기했다.

집 근처에 주간보호센터가 있어 한 번 방문한 적이 있었다. 다른 곳과는 달리, 등급 외 판정을 받았더라도 치매 진단만 있으면 하루 만원에 등급자들과 같은 대우를 받을 수 있는 곳이었다. 맛있는 밥도 두 끼나 주고, 물리치료와 그림치료, 소풍 등 다양한 문화 체험도 있었다. 엄마가 매일 이곳에 다닐 수만 있다면 얼마나 좋을까? 정식 등록 전에 1일 체험도 있다고 해서 엄마를 꼬드겨서 모시고 갔다. 엄마는 사람들과 어울리며 즐거운 시간을 가질 수 있고, 나는 직장생활을 이어갈 수 있을 것 같아 기대감에 부풀었다.

1일 체험 후 그날 저녁, 센터 직원에게서 전화가 왔다. 미술시간에 엄마가 손이 떨려 그림을 잘 그리지 못하자, 옆에 있던 할머니가 도와주려 했지만 엄마는 "나도 할 수 있으니까 건드리지 말라."며 화를 냈다고 한다. 또, 귀가할 때 엄마가 가장 늦게 내리게 되자 짜증을 내며 중간에 내리려고 실랑이를 벌이기도 했다 한다. 평소에 순하던 엄마의 이런 모습이 믿기지 않았다. 엄마는 하루 다녀오고는 다시는 안 가겠다고 했다. 온갖 좋은 말로 구워삶아도 소용없었다. 엄마는 순하지만 한번 싫다고 하면 절대 안 하는 고집이 예전부터 있었다. '그럼 그렇지, 내 팔자야~'

　공단직원이 다녀간 후 며칠 뒤 4등급이 나왔다는 연락을 받았다. 덕분에 다음 달부터 요양보호사를 받을 수 있게 되었다. 교회언니가 복지센터를 오픈해서, 센터를 통해 소개받은 요양보호사가 방문했다. 요양보호사와 수혜자가 서로 잘 맞기 어려운데, 좋은 분이 와서 정말 안심이 되었다. 요양보호사는 주 5회, 하루 3시간 방문하며, 우리가 지급할 자부담은 일한 날짜에 따라 다르지만 대략 한 달에

15만원 내외라고 했다.

　요양보호사에게 몇 가지만 부탁했다. 점심 챙기는 것과, 화장실 갈 때 넘어지지 않도록 지켜봐 달라는 것이었다. 엄마는 요즘 화장실 가는 것 외에는 거의 움직이지 않았다. 이제 나는 문화센터에서 헐레벌떡 집으로 뛰어오지 않아도 되고, 엄마의 점심을 챙길 걱정도 한결 덜어졌다. 집에 불이 나진 않을까, 엄마가 화장실에서 넘어지진 않을까 노심초사하지 않아도 되었다.

　그동안 간병을 하면서 내 행동이 빨라졌다. 밥도 급히 먹고, 걸음도 빨라지고, 요리할 때도 후다닥 해치우기 일쑤였다. 함께 밥을 먹던 친구가 "누가 쫓아오냐?"며 허겁지겁 먹는 나를 나무라기도 했다. 나 자신도 자각하지 못했기에 그런 내 모습이 당혹스럽고 서글픔도 느꼈다. 나만의 문제가 아니라 모든 간병하는 사람들의 공통된 특성일 것이다. 누군가를 돌보다 보면 정신없이 처리해야 할 일들이 대부분이고 정작 나 자신을 챙길 여유가 없어진다. 나는 이를 간병 증후군이라 부르고 싶다. 이는 개인의 문제로만 치부하며, 개인의 간증과 수기로 끝내야 할 문제가 아니라고 본다. 국가의 복지 시스템이 예전보다는 나아졌다고는 하지만, 여전히 많은 사람들이 독박 간병에 시달리고 있다.

그렇게 오랜 세월을 버티다 보면 누구라도 우울증이나 공황증세를 겪을 수밖에 없다. 끝내 견디지 못하고, 자녀들이 부모와 함께 생을 마치는 사건을 뉴스를 통해 종종 접한다. 개인적인 비극으로 받아들이기에 앞서 국가와 지역사회가 이 문제를 충분히 막을 수 있었는지 들여다봐야 한다. 또한 의료보험 제도와 정책이 확대되어 질병으로 인한 개인의 한계가 비극으로 이어지지 않도록 안전망을 촘촘히 구축할 필요도 있다. 지역사회 공동체와 종교기관들도 일회성 구호나 홍보활동에만 머무르지 말고 서로 협력해서 자기 지역만이라도 실질적이고 지속적인 지원체계를 갖추어 나가면 지금보다 더 나은 사회를 만들어갈 수 있으리라 믿는다.

아무튼 요양보호사로 인해, 강의가 없는 날에는 집 근처 카페에서 독서나 공부를 하는 등 여유로운 시간을 보낼 수 있었다. 어떤 날은 너무 일찍 가서 카페 2층 큰 홀에 혼자 있기도 했는데 전세 낸 듯 꽤 근사했다.

요양보호사는 빈약한 우리집 냉장고의 몇 안 되는 재료로도 뚝딱뚝딱 멋진 요리를 만들어냈다. 입맛 까다로운 엄마도 그분 요리는 뭐든 잘 드셨다. 엄마뿐 아니라 나 먹으라고 몇가지 요리도 해놓았다. 그중 압권은 들깨고디탕(다슬기국) 인데, 진한 들깨 육수가 일품이라 속 불편할 때 먹으면 만성위염은 물론 몸 안의 온갖 불순물이 싹 씻겨 내려가는 듯한 맛이었다. 반찬가게를 해도 되겠다고 했더니, 언니가 식당을 하고 있어 거기서 자주 일한다고 했다.

요리뿐만 아니라 온 집안 청소며 세탁기까지 돌려놓았다. 빨래는 하지 말라고 당부해도, 집에 오면 모든 빨래가 깔끔하게 널려 있었다. 나의 구멍난 빤스와 함께. 처음엔 좀 창피했지만, 그것도 자꾸 해주니까 우렁각시처럼 너무 좋았다.

    엄마는 말수가 부쩍 줄어, 묻는 말 외에는 거의 말을 하지 않지만, 요양보호사와는 마음이 잘 맞는지 조곤조곤 대화를 끊임없이 나누었다. 요양보호사는 엄마의 살아온 삶을 들은 후, 진심으로 엄마를 존경한다고도 했다. 두 사람은 어린 시절부터 가난한 가족을 위해 희생한 공통점이 있었다. 그래서 공감이 잘 되나 보다. 보이지 않아도 보이는 것이 있다. 경청은 귀를 통한 행위에만 국한된 것이 아니다. 마음과 가슴으로도 볼 수 있고 들을 수 있다. 두 사람은 내가 결코 알 수 없는 공감으로 깊은 대화를 나누고 있는 것이다.

딸기 생크림 케이크와 국밥

서울에서 국제개발 관련 컨설팅이 있어 다녀와야 했다. 요양보호사는 하루 3시간만 일하기에, 이틀 동안 누군가 엄마를 돌봐야 했다. 언니는 교사라서 시간을 낼 수 없고, 친한 선배에게 부탁하자니 엄마의 낯가림이 걱정되었다. 결국 돌고 돌아 형부에게까지 갔다. 다행히 엄마는 아직 형부를 기억하고 있어서 괜찮을 것 같았다. 형부는 목소리가 크고 말이 많지만, 무엇보다 엄마와 재미있게 대화가 가능한 사람이었다.

서울에서 내려온 형부는 현관에 들어서자마자 "장모님~"하고 크게 불렀다. 웬 덩치 큰 남자가 걸걸한 목소리로 들이닥치자 엄마는 화들짝 놀랐지만, 곧 사위 특유의 그 요란한 음성을 기억해 내고는 반색했다. 형부는 방송국 PD 출신으로 박학다식하고, 한번 입을 열면 끝도 없이 썰을 푸는 스타일이다. 다음날 방문한 요양보호사도 형부의 토크에 빨려 들어가 퇴근카드 찍는 것도 잊었을 정도다.

형부는 어딜 가나 할머니들과 아줌마들로부터 인기몰이를 한다.

 이튿날, 엄마가 단것을 좋아한다는 이야기를 들은 형부는 딸기 생크림 케이크를 사 왔다. 한 조각을 잘라 엄마에게 드렸더니, 엄마는 다시 각설탕처럼 작게 자른 후 한 조각씩 천천히 우아하게 드셨다고 한다. 마치 좋아하는 남성 앞에서 단아하고 얌전한 모습을 보이려 애쓰는 것처럼. 예전 같았으면 "같이 먹자"거나 "어서 먹어보라"고 권했을 엄마였는데 그런 말도 없었다 한다. 사위가 남자로 보이셨나? 아무튼 우아하게 꿀맛같이 드셨다며 형부가 뿌듯해 했다.

 저녁 무렵, 형부가 옆방에서 쉬고 있는데 주방에서 계속 이상한 소리가 반복적으로 들렸다고 한다. 귀 기울여보니, 그건 다름 아닌 밥솥 뚜껑 여는 소리였다. 손잡이를 돌리고 아래 버튼을 눌러야 열리는데, 손잡이만 돌렸다 놓기를 반복하니 뚜껑이 열리지 않고 소리만 났던 것이다. "장모님, 뭐 하세요?" 형부가 묻자, 엄마는 걱정이 잔뜩 묻은 얼굴로 이렇게 말했다.

"아, 자네가 와서 밥을 해야 하는데 밥솥이 이상하네."

엄마는 밥을 안 한 지 4년도 넘었다. 사위를 위해 밥을 해주려다 밥솥 사용법을 까먹은 것이다. 결국 요리 잘하는 사위가 뚝딱뚝딱 솜씨를 발휘해 밥상을 차렸고, 엄마는 맛있게 드신 후 조용히 잠자리에 들었다.

몇 달 후, 바리스타 자격증 시험 때문에 아침에 나가야 했는데, 하필 요양보호사는 일이 있어 못 온다고 했다. 집에 돌아오는 시간이 오후 2시가 넘을 텐데, 그때까지 엄마를 돌보며 점심 식사를 챙겨줄 사람이 필요했다. 누구한테 부탁할까 고민하고 있을 무렵, 마침 조카가 군대에서 첫 휴가를 나왔다고 서울언니가 말했다. 친구들과 약속이 있다는 그에게 대구에 내려와 할머니 점심만 챙겨달라고 부탁했다.

어릴 적 조카는 무척 산만했다. 잠시도 가만히 있지 못하고 설치는 편이었다. 한 번은 할머니 댁에 놀러 가서 창문을 넘다가 그만 텔레비전을 넘어뜨린 적이 있었다. 아이를 나무라는 언니에게 엄마는 이렇게 말했다.

"괜찮다. 다 그라고 크는 기다. 어릴 땐 좀 설쳐야 큰다 아이가. 두고 봐라, 나중에 크면 머리도 좋고 점잖아진데이."

이런 멋진 말을 들은 조카는 할머니를 좋아하지 않을 수 없었다.

엄마는 초등학교 1학년 때까지 일본에서 살았다. 한의학을 공부하기 위해 외할아버지가 가족을 데리고 일본으로 건너가셨기 때문이다. 오사카에 살다가 도요하시로 이사해 교회에 딸린 방에서 지냈다는 이야기도 들었다. 해방 후 귀국했지만, 어린 시절의 경험이 엄마에게는 좋은 기억으로 남았던지 일본동요를 우리들에게 가르쳐 주기도 했다. 엄마의 영향 때문일까? 한 세대를 건너 친손자와 외손자가 일본으로 유학을 갔다. 친손자는 일본 대학을 나와 지금은 한국에서 직장생활을 하고 있고, 외손자는 오사카에 있는 대학에서 2학년을 마친 후 지금 군 복무 중이다.

외손자에게 엄마는 '나란히 할머니'로 불린다. 어릴 적 울다가도 할머니가 '나란히' 노래를 불러주면 뚝 그쳤다. 외손자는 휴학 후 여행하다가 후쿠오카에서 할머니가 좋아하는 '도쿄 바나나빵'을 발견하고는 곧바로 사서 캐리어에 고이 넣어둔 채 여행을 했고, 입국하자마자 그 빵을 선물할 만큼 할머니를 각별히 여겼다. 그런 기특한 녀석이기에 잠시 할머니를 맡겨도 될 것 같았다.

시험을 마치고 집에 오니 오후 2시가 조금 넘었다. 현관문을 열고 들어서는 순간, 조금 이상한 광경이 벌어지고 있었다. 국밥을 배달시킨 손자는 숟가락을 들고 할머니 턱 밑에서 쩔쩔매고 있었다. 할머니는 손자가 둘러 준 핑크 꽃무늬 턱받이를 목에 걸고는 잔뜩 인상을 쓰고 있었다.

사전 설명 없이도, 할머니는 안 먹는다며 입을 꽉 다물고 있고, 손자는 한 숟갈이라도 더 떠넣으려 고군분투하는 모양새였다. 뜨거울까 봐 식혀도 보고, 별별 방법을 다 썼지만 겨우 두 숟가락밖에 못 드셨다고 했다.

엄마와 이모가 전달한 '할머니 점심식사' 미션을 어떻게든 수행하려고, 이 전방부대 일등병 외손자는 할머니에게 한 시간 동안 애걸복걸하고 있었던 것이다. 국밥은 다 식어버렸고, 조카는 밥상 앞에서 여태까지 쫄쫄 굶고 있었다. 수고했다고 하자, 그제야 긴장이 풀린 듯 일등병 조카는 발라당 누워서 강아지처럼 발버둥을 쳤다.

"이모, 이건 군대 훈련보다도 더 힘든 일이에요~"

군대 PX에서 산 그 유명한 달팽이 영양크림이 이번에는 할머니에게 그리 큰 효과가 없었던 모양이다.

마지막을 어떻게 풀어낼지 소망을 가져라

오늘이 세 번째로 119를 부른 날이었다. 엄마는 저녁식사를 마친 뒤, 갑자기 화장실에서 설사와 구토를 했다. 체한 줄 알고 매실을 따뜻하게 데워드렸지만 곧 경련과 오한이 왔고, 온몸이 차가워졌다. 이불을 덮고 내가 엄마를 껴안았지만 오한은 멈추지 않았다. 결국 119에 전화했고, 응급실에 도착했다. CT와 엑스레이, 피검사와 소변검사 후 수액을 달고 코에 산소줄이 끼워졌다. 검사결과 폐에 물이 차 있고, 담도에 돌이 있어 염증을 일으키고 있다고 했다. 아침에 주치의의 진단결과에 따라 긴급 수술이 필요할 수도 있다고 했다.

시계를 보니 새벽 1시였다. 그때부터 나는 엄마와 화장실 전쟁을 치러야 했다. 엄마는 시간마다 화장실에 가겠다고 일어났고, 나는 기저귀에 누면 된다고 설득했다. 평소 외출할 때만 기저귀를 착용해서, 누워서 볼일 보는 것이 어려웠던 거다. 온갖 방법을 써도 고집이 꺾지 않아서, 최

후 수단으로 아기에게 하듯 눈을 맞추고 "쉬~" 소리를 여러 번 냈더니 마침내 그 방법이 먹혀들어 한시름 놓을 수 있었다.

응급실에는 보호자에게 딱딱한 의자 하나만 제공되었다. 의자에 앉아 눈을 감았지만 잠이 오지 않았다. 응급실의 새벽은 신음 소리, 코 고는 소리가 의료기기와 뒤섞여 불협화음을 내고 있었다. 시간은 나무늘보처럼 더디게 흘렀다.

아침에 서울언니가 급히 내려왔고, 뜬눈으로 밤을 새운 나는 눈을 붙이려 집으로 돌아왔다. 오후에 겨우 병실을 배정받아 응급실은 벗어났지만, 치매약을 복용하지 못하자, 엄마는 섬망 증세를 보이기 시작했다. 난생처음 보는 엄마 모습이었다. 잠시도 가만히 있지 못하고, 이불이나 베게를 뜯거나 주삿바늘을 뽑으려 했다. 나를 쳐다보더니 "너 참 못됐게 생겼다, 마귀같이 생겼네."라고도 했다. 걱정보다는 평소와 다른 활기 넘치고 재미있는 말투가 신기하기만 했다. 언니가 교대하던 날 밤에는 언니가 잠깐 잠든 사이, 엄마는 침대에서 빠져나와 복도로 나갔다가 넘어져 얼굴을 갈아부치고 말았다. 간호사의 연락을 받고 허겁지겁 복도로 나간 언니는, 복도에서 넘어진 채 뒤돌아보는 엄마의 당황한 눈빛과 마주쳤다. 언니는 그 눈빛을 평생 잊을 수 없을 거라고 말했다.

그날 저녁, 담도에 낀 돌을 빼기 위한 시술이 진행되었다. 의술의 놀라운 발전으로, 수술이 아니라 위 내시경을 통한 시술이 가능하다고 했다. 의사는 스탠스를 삽입해서 돌을 제거하려 했지만, 담도가 좁고 굽어져 상처가 생겼고, 결국 돌을 빼내지 못한 채 급히 시술을 마쳐야 했다. 췌장 염증 수치가 위험 단계에 도달했다. 언니와 나는 교대로 간병에 들어갔고, 대전 사는 오빠가 내려와 우리를 병원에 데려다주었다. 엄마는 물과 약 모두 금식을 해야 했기에 치매약을 먹지 못하자 또 섬망증세가 나타났다. 딸들은 엄마 손을 붙잡고 엎드린 채 밤을 새웠다. 췌장 염증 수치를 낮추기 위해 강한 항생제를 쓰자 설사가 멈추지 않앉고, 기저귀를 수시로 갈았지만 기저귀 발진도 생겨 연고를 계속 발라야 했다.

염증 수치가 조금 떨어져 죽과 약 복용이 가능해지자 엄마는 차분한 원래의 모습으로 돌아왔다. 입원한지 열흘이 지나서야 일반식이 가능해졌지만, 곧 연하곤란이 와서 씹고 삼키기가 어려워졌다. 그나마 먹던 미음도, 지인이 만든 호박죽도 겨우 넘겼다. 병원에서는 더 이상 해줄 게 없다고 해서, 두 달 후에 있을 2차 시술을 예약하고는 원치 않은 퇴원을 했다.

집에서의 간병은 그나마 수월했다. 언니와 내가 번갈아가며 엄마 방에서 잠을 자면서 돌봤다. 집이라는 익숙한 공간 덕인지, 퇴원한 날에는 점심식사도 잘하고 약도 잘 삼켰다. 정신과 의사 소견으로는, 집에 가면 연하 기능이 되살아 날 수 있다고 했었는데 정말 다행이었다. 하지만 저녁부터 다시 연하 기능이 떨어지기 시작했다. 점심때처럼 알약을 그냥 삼키다가 목에 걸리는 위험한 상황도 있었다. 엄마의 식사량을 늘리기 위해 잣죽, 전복죽, 호박죽 등 입에 맞는 죽을 준비했고, 약도 빻아 꿀이나 뉴케어에 섞어 드렸지만 삼키는 기능을 잃어버린 탓에 입안에 고여 있거나 입 밖으로 흘러나왔다. "꿀떡 삼켜!"라고 했지만 엄마는 "꿀떡이 어떻게 하는거냐?"고 물었다. 딸들은 엄마를 살리기 위해 조금이라도 더 입에 넣으려 했고, 엄마는 그만 살아도 된다는 듯 목으로 넘기지 못했다. 먹지 않을 때의 엄마는 한없이 평온해 보였으나 먹을 때는 너무 고통스러워했다. 생명을 연장시키는 영양 공급이 딸들에게는 중요했으나, 엄마에게는 이제 의미 없어 보였다.

스콧 니어링과 한국의 몇몇 스님들은 세상을 떠날 때가 되자, 인공영양을 거부하고 자발적 단식으로 초연하게 삶을 마감했다고 한다. 곡기를 끊으면 통증이 줄어들고, 오히려 행복감이 생겨 평온하게 세상을 떠날 수 있다고 했다. 엄마도 곡기를 끊고 싶은 것일까? 어쨌든 딸들의 노력에도 엄마는 점점 여위어갔다. 일주일 후, 건강 상태 점검차 후배 목사님의 도움으로 교회 승합차를 타고 병원을 재

방문했다. 엄마는 휠체어에 겨우 앉았지만 고개도 가누지 못했고, 앉아있는 것조차 위험해 보였다. 의사는 엄마를 보자, 요양병원을 권유했다. 엄마의 위중함에 달리 방법이 없어, 언니는 일전에 내가 알아보았던 집 근처 요양병원을 직접 다녀왔고, 내일 바로 입원시키자고 했다.

'마지막을 어떻게 풀어낼지 소망을 가져라. 하나님이 엄마를 통해 당신의 사랑과 은혜를 드러내기 원하신다.'

5년 전 내 일기장에 적혀 있었던, 내 글씨체였지만 내가 쓴 기억이 없는 글이 떠올랐다.

잃고 나서야 깨닫는 것들

"엄마, 저기 예수님 사진 보세요, 저기 서랍장, 텔레비전, 외손자가 사다 준 화장품도 있어요, 여기 침대와 이불도 있네요."

언니가 엄마에게 이렇게 말하자, 엄마는 기운이 없는 와중에도 흐릿한 눈을 들어 방안을 이리저리 둘러보았다. 언니는 엄마가 이 방을 나서면 다시는 돌아오지 못할 것 같아서, 이 공간을 오랫동안 기억하길 바라는 마음으로 그렇게 말했다. 26년 전, 처음 이 아파트에 이사 와서 지금까지 쓸고 닦고 애지중지해 온 엄마의 보금자리였다. 이젠 여기를 떠나 요양병원으로 가야 했기에, 마지막 이별의 순간을 선명하게 남기고 싶었던 것이다. 요양병원 앰뷸런스 도착 시간이 가까워오자, 우리는 엄마를 씻기고 병원에서 일러준 물티슈, 휴지, 화장품, 세면도구 등 준비물을 챙겼다.

엄마는 4인실에 입원했다. 영양실조가 심해서 영양제부터 달았다. 콧줄로 영양식을 바로 할 줄 알았는데, 우선 테스트를 한 후 콧줄을 달아야 한다고 의사가 말했다. 콧줄은 코에서 위까지 연결된 관으로, 이곳을 통해 식사와 투약을 한다. 다음 날 콧줄이 삽입되었고, 영양제와 식사 덕분에 엄마는 조금씩 호전되기 시작했다. 나의 마음과는 달리 엄마는 참 평온해 보였다.

지난 5년 동안 나는 아침에 눈을 뜨면 먼저 엄마 속옷을 확인하고, 세수와 식사 수발, 약 복용, 양치질 후 좌식 의자에 앉혀 TV를 틀었다. 요양보호사가 올 무렵 나는 외출 준비를 했다. 요가나 미용 전문가반 수업에 갈 때도 있었다. 요양보호사의 근무가 끝나는 시간에 맞추어 집으로 돌아왔다. 마트에서 장을 볼 때도 내 입맛보다 엄마 위주로 식재료를 샀다. 그런 나의 일상이 갑자기 달라져 버렸다. 엄마 방을 열며 하루를 시작했는데, 이제 텅 빈 방이라는 현실을 마주하게 되었다. 엄마의 침대와 이불은 그대로인데, 주인없는 방은 공허하고 적막했다. 엄만 작고 여린

몸집이지만, 거인의 존재감을 지녔다. 엄마를 위해 꽉꽉 채워 넣던 냉장고는 조금씩 빈자리가 생겨나고, 마트에서 뭘 사야 할지 몰라 우두커니 서 있기도 했다. 엄마가 좋아하던 식재료를 보면 눈물이 핑 돌기도 했다. 수 년간 관리해온 엄마의 은행카드는, 비밀번호를 연속 잘못 입력해서 오류가 나버렸다. 내 멘탈도 오류가 나버린 것이다.

이젠 시간적 여유가 생겼지만, 뭔가 해야 할 일이 있을 것 같아 두리번거리거나, 엄마의 방을 쓸고 닦고 서랍도 열어보았다. 엄마가 쓴 가계부가 몇 권 있고 전화번호와 건강에 좋은 음식들을 메모해둔 노트도 있었다. 그래도 인간은 적응의 명수다. 시간이 지나면 새로운 일상에 적응하게 될 것이다.

요양병원에 입원한지 한 달이 지났다. 병원 규정상 면회는 주 2회로 제한되고, 코로나 검사 후에야 들어갈 수 있었다. 요양병원마다 차이가 있지만 이곳은 2인실부터 6인실까지 있고, 4인실부터 병실료가 올라간다. 한 명의 간병사가 여러 명의 환자를 돌보며 한 방에서 생사고락을 함께 한다. 첫 간병사는 중국인이었는데 한국어를 못했다. 문화센터에서 4개월 배운 기초 중국어와 파파고 덕분에 겨우 몇 마디 건넸다. 간병사들은 대부분 조선족이었고 러시아나 그 인근 국가 출신도 더러 있었다. 조선족이라 해도 한국어를 못하는 사람도 꽤 있었다. 그만큼 한국인 간병사를 구하기가 어렵다고 했다. 엄마도 염려되고 소통이 안되는 간병사에 대한 불안감도 커져 병원 측에 당분간 매일 방문하고 싶다고 하자, 엄마가 워낙 위중해서인지 허락을 했다. 엄마는 여전히 콧줄로 식사하고 폐렴 증세도 있지만 잘 버티고 계신다.

환자들은 직접 식사하거나 간병사가 떠먹여야 하는 사람도 있지만, 엄마처럼 콧줄로 식사하는 사람도 꽤 많았다. 그래도 요양병원에 입원한 분들은 상대적으로 행복한 편이다. 비싼 병원비를 감당해 주는 가족이 있기 때문이다. 가난하거나 자녀와 왕래가 없는 노인들은 방치되어 고독사하는 경우도 적지 않을 것이다.

엄마가 입원하기 전, 길을 가다가 울면서 걸어가는 한 중년 여성을 보았다. 그냥 우는 것이 아니라, 통곡을 하고 있었다. 뭐가 저렇게 서러워서 다 큰 어른이 길을 가면서 우는 것일까? 그때는 이해할 수 없었다. 그런데 엄마를 입원시키고, 처음 콧줄로 식사하는 모습을 본 날, 나도 집으로 돌아가는 길에 엉엉 소리내어 울고 말았다. 입으로 음식을 음미하고 씹고 삼키는 것을 당연하게 생각했다. 씹고 넘기는 것도 힘이 있어야 한다. 음식을 잘 섭취하는 것이 얼마나 큰 축복인지 미처 몰랐다. 우리는 잃고 나서야, 비로소 깨닫는다.

미용봉사 하는 날

요즘 매일 오후에 병원에 간다. 주치의가 웃으면서 본인 일에나 집중하라며 그만 좀 오라고 핀잔을 줬다. 그래도 그런 주치의가 마음에 든다. 자상하고 유머가 있는 분이다. 한번은 간병사가 치매 증세가 있는 할아버지가 자꾸 자기 물건을 훔쳐 간다고 의심해서 힘들다고 하소연을 했다. 엄마도 한때 그랬던 것처럼 치매 환자는 의심 증상이 있다. 하소연을 들은 선생님은 간병사를 위로해 줄 줄 알았는데, 태연하게 이렇게 말했다.

"와 그래 훔쳐 가노?"

다들 배를 잡고 웃었다.

엄마를 간병하면서 자연스레 필수 물품의 종류와 사용 방법을 알게 되었다. 대소변을 못 가리는 경우, 겉기저귀와 속기저귀를 함께 사용한다. 가격이 비싼 겉기저귀는 찍찍이가 있어 고정 역할을 주로 하고 자주 갈아줄 필요는 없다. 대소변을 받아내는 속기저귀는 자주 갈아줘야 하는데, 제때 갈지 않으면 기저귀 발진이 생기기 쉽다. 침대 시트 방수를 위해 깔개도 함께 구입해야 한다. 이 세 가지는 요양병원에서 구입하고 보호자는 병원비 낼 때 함께 지불한다.

욕창 방지를 위한 에어매트도 필수인데, 의료용품 중 고가에 속한다. 다행히 엄마는 등급이 있어 공단 지원을 받아 저렴하게 구입했다. 또한 물티슈는 필수품이다. 엄마는 피부 발진이 쉽게 생기는 민감성이라 베이비 티슈를 사용하고 있다. 작은 것보다는 큰 사이즈가 낭비도 적고 사용도 편하다. 환자가 주삿바늘이나 콧줄을 잡아당길 경우를 대비해서 손을 고정시키는 장갑도 필요하다. 예전에는 침대에 손을 묶었지만, 요즘은 권투 글러브처럼 생긴 장갑을 끼운다. 대형병원 의료용품점에서 구입한 장갑은 투박했는데 인터넷 쇼핑몰에는 더 다양하고 저렴한 제품이 많아 재구입했다.

어제 옮긴 6인실에는 이전 보다 활기차고 생동감이 넘치는 할머니들이 계셨다. 맨 안쪽에 계신 할머니는 예쁘장하게 생겼는데 마사지하러 온 물리치료사를 욕으로 한 방에 물리쳤다.

"미친년, 내 몸에 손 대면 다 뒤질 줄 알아~"

술을 달라고 했다가 반응이 없으면 기상천외한 욕설을 퍼부었다. 그래도 귀엽고 재미있는 구석이 있다. 엄마 오른쪽에 있는 할머니는 지난달 2인실 때 같이 있었는데 찡찡거리며 투정을 자주 부리지만, 화장실 가는 길에 엄마가 차버린 이불을 다시 덮어주는 다정함이 있다. 문 입구의 숙이 할머니는 병실의 방장 역할을 톡톡히 한다. 그동안 벌어졌던 일을 알려주는 정보 전달자이자 사고뭉치 할머니들을 정리하는 해결사이다. 그런 숙이 할머니는 가족이 없다. 자신의 재산을 팔아 사촌 동생에게 맡기고 병원에 들어왔다. 사촌 동생은 할머니가 맡긴 돈으로 병원비와 물품을 보내주고 있다. 할머니는 간절한 눈빛으로 내게 인연을 계속 이어가자고 했다. 병실 할머니들은 엄마를 무척 부러워하며 나도 저런 딸래미 한 명 있으면 소원이 없겠다고 했다. 엄마는 어느새 가여운 노인이 아니라, 남들이 부러워하는 복 터진 할머니가 되었다. 늘 무거운 마음으로 병원에 왔다가, 엄마와 나는 행복한 사람이라는 진실을 깨닫고 돌아간다.

엄마가 입원한 요양병원에는 한 달에 한 번 미용 봉사팀이 온다. 하지만 거동이 가능한 환자에게만 혜택이 돌아간다. 못 움직이는 환자는 간병사들이 목욕할 때 머리를 깎는데, 대충 잘라서 머리모양이 들쑥날쑥한 사람들이 많았다. 내가 누군가? 이럴 때 쓰라고 미용사 자격증을 딴 사람이 아닌가? 드디어 날을 잡았다. 지난 2년간 전문가반에서 쌓은 실력을 발휘할 기회였다. 가위, 바리깡, 커터보, 머리카락 털어낼 스폰지 등을 챙기고, 허리에 미용 벨트를 뽀대나게 찼다. 빡빡 밀었던 할머니는 머리카락이 지저분하게 자라서 머리끝을 다듬었고, 옆머리가 훅 밀려버린 할머니는 앞머리와 균형을 맞춰 조심스레 다듬었다. 가장 까다로운 욕쟁이 할머니는 의외로 커트 내내 얌전했고 커트 후에는 내게 더 이상 욕을 하지 않았다.

간호사들은 이 병실 할머니들은 복받았다고 한마디씩 했다. 다섯 명을 모두 커트하고 나니 팔다리가 후들거렸다. 하루 종일 서서 고객들을 상대하는 미용사들의 노고가 느껴졌다. 손목과 어깨, 다리가 성한 곳이 없으리라. 진심으로 존경을 표한다. 다음엔 영양보충도 잘하고, 든든하게 먹고 와야겠다. 세상에 쉬운 일은 없다.

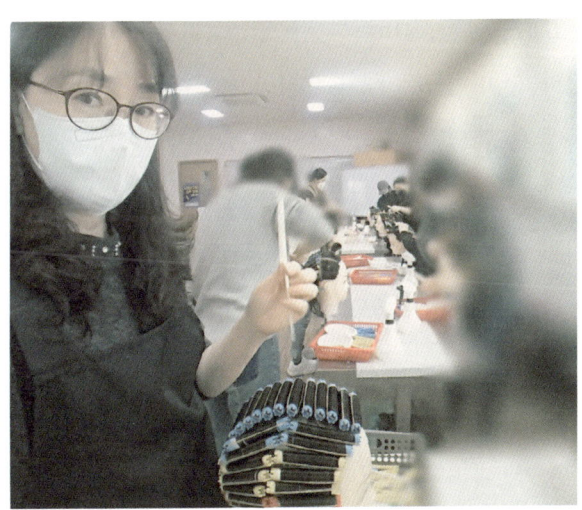

감동을 주는 뜻밖의 친절

나는 평소에 불리는 호칭이 많다. 오빠는 어릴 때 별명인 땡총이를 아직도 부르고, 첫 직장에서는 내가 자주 불렀던 달타령 때문에 달자라고 불렀다. 친구들끼리는 이름 끝에 '세'를 붙여 '수세'라고 하고, 병원 할머니들은 새댁이라고 부른다. 그 외 전문가님, 선생님, 언니, 누나로도 불리고, 불특정 다수에게 어머니라고도 불린다.

어제는 방장 할머니와 간병사가 나를 '해바라기'라고 불렀다. 할머니들은 내가 오기만을 기다린다. (그래, 내가 중독성이 좀 있긴 하지.) 장기 입원 환자들에게 필요한 실과 바늘, 손톱깎이, 컵, 파스 등 우리집에 있지만 그다지 쓰이지 않는 물건들을 챙겨와서 주기도 하고, 간혹 필요한 물품을 사주는 심부름도 한다. 더위에 입맛이 없다고 하면 오이나 풋고추, 방울토마토도 사다 드린다. 그럴 때마다 감동한 듯 바라보는 할머니들의 표정이 나는 좋은가 보다. 그래서 더 해 드리고 싶다.

그렇다고 일방적으로 주기만 하는 것은 아니다. 할머니들도 병문안 온 지인들이 주고 간 도넛이나 커피, 음료수 등을 따로 챙겨 준다. 서로 주고받는 작은 마음들이 고단한 삶을 견디게 한다.

돌아보니 주변에 고마운 분들이 많았다. 엄마가 아플 때, 호박죽과 전복죽을 끓여다 주신 이웃 교회 목사님 부부를 잊을 수 없다. 그 추운 겨울날, 사모님은 전복미역국을 끓여 조용히 문 앞에 두고 가셨다. 반찬과 먹을 것을 자주 챙겨주시는 천사 같은 교회 집사님도 눈물 나게 고맙다. 화장품이나 먹을 것을 챙겨주는 교회 언니, 일주일 동안 병실 지키느라 제대로 씻지 못한 나를 위해 집에 다녀오라며 엄마 곁을 대신 지켜준 선배 언니도 고맙다. 간병도 품앗이처럼 서로 도우면 좋을 것 같다는 생각이 문득 들었다. 가족만 꼭 간병하라는 법은 없다. 친구든 이웃이든 아플 때 서로 간병해 주고 도와주면 든든하고 많은 위로가 될 것이다.

내 인생에 가장 인상 깊었던 도움은, 몇 년 전 비행기 탑승할 때였다. 무거운 캐리어에다 배낭까지 있었는데, 그 비행기는 하필 계단으로 걸어서 올라가야 했다. 낑낑대며 계단을 오르는데, 뒤에서 따라오던 한 중국 남성이 냉큼 캐리어를 빼앗듯 들고 탑승하여 비행기 선반에까지 넣어 주었다. 그는 내릴 때도 선반에서 꺼내 계단 아래까지 내려다 주었다. 나는 중국어를 몰라 만국 공통어인 바디 랭귀지로 연신 고맙다고 했다. 이런 기대하지 않은 친절은 깊은 감동을 준다. 서로에게 이런 뜻밖의 친절을 베풀면 세상은 지금보다 훨씬 살기 좋아질 것이다. 남이 나로 인해 행복하면 나도 함께 행복해진다. 행복 바이러스다.

'플로잉'이라는 프로그램을 통해서도 나눔의 풍성함을 체험했다. Flow는 흐르다는 뜻으로, 받은 축복은 혼자 붙잡고 누리면 고인 물같이 썩어버리지만, 타인에게로 흘러가면 더 풍성해진다는 원리다. 체험을 위해 실제 플로잉 시간을 가졌다. 각자 자신의 소지품 중 소중한 것을 내놓고, 내가 필요한 물품은 타인에게 말하지 않는 가운데서

진행되었다. 당시 내게는 선물 받았지만 뜯지도 않은 영양크림이 하나 있었다. 항상 싸구려 화장품만 바르다가 비싼 영양크림을 선물받으니 아까워서 고이 모셔둔 것이었다. 플로잉 하기에 아까운 생각이 들어 다른 물건을 꼼지락 거리다가 에라 모르겠다는 심정으로 내놓았다. 내 영양크림이 누구에게 갔는지는 모르겠다. 다만, 내가 주저하며 내놓았던 것보다 더 좋은 화장품이 내게로 플로잉해서 왔다. 놀랍고도 신기한 체험이었다. 소유에 대한 집착을 내려놓는 이 연습은, 이후 내 삶에 지속적으로 영향을 끼쳤다. 돈도 마찬가지였다. 돈을 쫓아다니면 돈이 달아나지만 집착을 내려놓고 흔쾌히 나눌 때 더 풍성하게 채워졌다.

일상 속에서 선행이나 봉사활동으로 나눔을 하는 것도 마친기지다. 사람들은 착한 심성으로 남을 돕기도 하지만, 자신의 행복을 위해 돕기도 한다. 이러한 행동은 나를 돌아보고 치유하는데 큰 도움이 된다. 어떤 대단한 일을 하는 것이 아니라, 길 가다가 무거운 짐을 들고 가는 노인들을 도와주거나, 길에 위험한 유리조각이나 돌, 나뭇가지를 치우는 것처럼 작은 행동에서 출발하면 된다.

　나도 무직자에다 넉넉지 않지만, 어려움에 처한 분들에게 재난 성금을 보내거나 작은 단체에 정기후원도 한다. 시선을 내게 집중하면 현실적 상황으로 우울해지지만, 타인에게로 돌리면 나보다 더 어려운 사람들을 만나게 된다. 그들을 돕다 보면 어느새 낮은 자존감이 올라가고 현재를 살아가는 힘을 얻게 된다. 남을 돕다가 나를 돕게 되는 것이다.

　각자도생의 세상, 나 혼자 살기도 벅차다고 한다. 그렇지만 우리 민족은 예로부터 콩 한쪽도 나눠 먹던 사람들이다. 모두가 일상 속에서 서로 돕고 나누는 삶이 보편화된다면, 혼자 살기 힘든 세상은 사라질 것이라 믿는다.

기억은 과거를 왜곡한다

"엄마, 나 집에 갔다 오께."
"뭐라꼬? 여기가 집인데 어데 가노?"
"여기 집 아니야, 병원이야."
"뭐라카노? 엄마가 있는 곳이면 거기가 집이지."
"맞다, 울 엄마 똑똑네. 근데 엄마, 집에 안 가고 싶나?"
"집? 여기 뜻뜻하고 다 해주는데 와 집에 가노?"

요양병원 환자들은 대부분 집을 그리워한다. 집에 보내달라고 떼를 쓰는 사람도 많다. 엄마는 다행히 한 번도 집에 가고 싶다고 말한 적이 없다. 그렇게 집을 좋아하던 사람이 말이다. 누워있는 엄마를 볼 때마다, 한평생 고생만 하다 떠날 것을 생각하니 늘 짠하다.

외할아버지는 한약방을 운영하시다가 갑자기 돌아가셨다. 맏딸인 엄마는 초등학교를 졸업하자 가족을 위해 공장으로 갔다. 교복 입고 학교 가는 친구들이 부러워 많이 울었다고 했다. 큰외삼촌은 워낙 공부를 잘해 대학 졸업 후 교사가 되었지만, 엄마의 삶에 도움이 되지 않았다. 20대 중반, 그 당시 늦은 나이에 경찰관인 아버지를 만나 결혼했다. 10년 넘게 쉼 없이 일했지만, 결혼식 날 웨딩드레스 입을 돈이 없어 한복을 입어야 했다.

40대 초반에 남편을 암으로 잃고 나자, 엄마는 떡볶이 장사로 우리 삼 남매를 키웠다. 못 배운 것이 한이 된 엄마는 무슨 일이 있어도 자녀들을 대학에 보내겠다는 일념 하에 이를 악 물었다. 친척들은 이런 엄마를 훌륭하다고 칭찬했지만, 실질적으로 도와준 이는 없었다. 친척들과 지인들은 공부 잘하는 언니를 실업계 고등학교에 보내 빨리 돈 벌게 하라고 충고했지만, 엄마는 그저 웃어넘겼다. 엄마의 헌신 덕분에 언니는 대학 졸업 후 교사가 되었다. 원래 꿈은 검사였는데 집안 형편상 등록금이 저렴한 사범대에 갔다. 잘 사는 이모에게 등록금을 부탁해 보자고 언니가 말했더니, 엄마는 "아빠 돌아가신 후 지금까지 도와주지 않았는데 등록금을 주겠냐?"라며 화를 냈다고 한다.

엄마는 누구의 도움 없이도 혼자 잘 버텨냈다. 고생을 견디는 것이 고생을 극복하는 길이라 생각했던 것 같다. 덕분에 우리 삼남매는 대학을 마쳤고, 자녀들의 안정된 직장생활로 엄마의 고생은 끝이 났다. 하지만 노후엔 알츠하이머 병을 얻었다. 내가 본 엄마의 인생은 고통이 끊임없이 이어진 너무나 불행한 삶으로 보였다.

기억의 왜곡이라는 말이 있다. 인간은 자신의 과거를 사실과 다르게 편집해서 저장소에 집어넣는다. 치유의 시간을 지나면서 부정적 인식에서 조금씩 회복되자, 정반대의 사실이 드러났다. 엄마는 고생만 죽자고 한 박복한 비련의 여주인공이 아니라, 주어진 삶을 충실히 살아낸 멋진 인생의 주인공이었다.

엄마는 아버지와 비록 짧긴 했지만, 깊고 충만한 사랑을 했다. 아침에 일어나면 곱게 단장부터 해서 아버지에게 맨 얼굴을 보인 적이 없다고 했다. 아버지도 늘 존댓말로 엄마를 대했을 정도로 아끼고 사랑했다. 친척들은 요즘 보기 드문 부부라고 했을 정도다.

  엄마는 가게도 잘 운영했다. 무, 양배추 등 각종 채소를 듬뿍 넣어 만든 얼큰한 국물떡볶이는 일대에서 유명했다. 특히 고급 고춧가루와 마늘을 아낌없이 넣어 손님들은 국물까지 다 들이마셨다. 엄마의 장사 철학은 가난한 사람들에게 한 끼 식사를 제공하는 것이어서 가격도 저렴했다. 손님들이 그릇을 들고 줄 서서 사 가기도 했고, 부산에 살던 어떤 임산부는 학창 시절 먹었던 떡볶이가 생각나서 대구까지 오기도 했다. 요즘으로 말하면 줄 서서 먹는 맛집이었다. 그 정도로 팔리면 빌딩을 사고도 남았어야 했는데도 우리 집은 늘 가난했다. 좋은 재료를 사용해서 마진이 남지 않은 데다, 걸인이나 고물상 아저씨들에게는 공짜로 주었고, 팔다 남은 떡볶이는 재사용하지 않고 모두 버렸다. 동네가 재개발되어 아파트가 들어섰고 자녀들이 취업하게 되자 엄마는 장사를 접었다. 그 후 레시피를 배우러 사람들이 수소문해서 엄마를 찾아왔다. 하나부터 열까지 다 가르쳐 줬는데도 "이건 도저히 남는 장사가 아닌 것 같아 자신 없다."며 풀이 죽어 그냥 돌아갔다고 한다. 먹거리가 부족했던 시절, 엄마의 떡볶이는 서민들에게 힐링푸드였다. 지금도 지인들은 그 맛을 그리워해 내게 종종 부탁하곤 한다.

지금 엄마는 평안하다. 노후 들어서 가장 평온한 얼굴이다. 알츠하이머의 장점은, 그간 고생했던 기억과 상처를 서서히 잊게 해준다는 것이다. 치매는 기억을 잃어버리는 것이라고 하지만, 나는 잊어가는 것이라 믿는다. 엄마는 아버지와 남편의 죽음, 빈곤과 질병이라는 고통의 끝판왕을 두루 경험하면서도 삶이 지닌 본연의 아름다움과 가치를 잃지 않았다.

이 정도면 '여자의 일생' 프로젝트가 성공적이라고 평가해야 하지 않을까? 그동안 나는 상처 속에 엄마까지 끌고와서 '불쌍하고 불행한 여인'이란 프레임 속에 가두고 살아왔다. 엄마에 대한 변화된 인식과 새로운 시각은 남은 인생을 살아가는 데 큰 힘이 될 것이다.

인간은 상처와 고통은 오래 기억해도, 행복과 기쁨은 쉽게 망각한다고 한다. 뇌의 편도체는 공포와 불안이 오면 강하게 각인하는데, 이는 위험을 기억해서 생존에 유리하게 뇌가 발달했기 때문이라 한다. 그래서인지 사람들은 자신이 행복하지 않다고 생각해서 인생의 목표가 '행복한 삶'을 추구한다. 하지만 우리는 생각보다 행복한 삶을 살고 있다. 깨닫지 못할 뿐이다. 감사한 일을 적어보면 알 수 있을 것이다. 수 백가지가 넘는다. 우리는 빛나지 않더라도 멋진 인생을 살고 있다. 오늘을 살아가는 존재 자체만으로도 멋진 인생이다.

사전연명의료의향서 작성하던 날

사전연명의료의향서는 심폐 소생이나 인공호흡기 등 인위적인 생명 연장을 시행하지 않겠다는 동의서다. 회복 가능성이 없음에도 생명 연장 장치들을 통해 삶을 이어가는 것은 환자와 가족에게 고통이다.

요양병원에 입원한지 4개월이 지나자, 엄마 주치의가 이 동의서를 작성하자고 했다. 가족 중 2인 이상의 동의가 필요해서 서울언니를 불렀다. 설명을 듣고 서명하면 금방 끝날 일을, 언니는 계속 주치의를 붙잡고 물었다. 요양병원에 입원한 사람들은 대부분 이곳에서 삶을 마감한다. 언니는 응급 상황이 발생했을 때, 큰 병원으로 엄마를 이송해서 의료적 조치를 하고, 특실이나 1인실에서 임종을 맞이하고 싶어 했다. 그와 같은 상황은 모든 가족의 바람이지만, 이동 중 사망하거나, 응급실에서 사망하는 경우도 있다. 게다가 대형병원 응급실은 보호자 1인 외에는 들어갈 수가 없어 가족이 임종조차 지켜볼 수 없다. 그럴 바에는, 익숙한 이곳에서 마지막을 보내는 게 나을 것이다.

1시간 동안 주치의와 대화를 나눈 후, 마침내 언니와 나는 서명했다. 주치의는 마음이 바뀌면 언제든 취소할 수 있다며 우리를 위로했다.

요양병원에 입원한 후 엄마의 병실은 여러번 바뀌었다. 처음에는 일반실에 있었으나 내성균이 생겨 격리 치료가 필요했다. 2인실로 옮겨졌다가 지금은 중증 환자들만 모인 6인실에 있다. 대부분 의식이 없거나, 엄마처럼 의식은 있으나 콧줄로 영양을 공급받는 사람들이 이곳에 있다. 이 병실에서 가장 오래된 환자는 맨 안쪽 침대에 누운 애기같이 보이는 청년이고, 그다음이 엄마다. 나머지 네 명의 환자는 자주 바뀌었다. 내성균이 회복되어 다른 병실로 가는 환자도 있지만, 하늘나라로 떠난 이들도 있다.

중간 침대에 누운 할아버지는 환자라고 보기 어려울 정도로 훤칠한 외모에 말도 또렷했고, 식사도 혼자 잘 했다.

며칠 후 갔더니 침대가 비어 있었다. 엊그제 세상을 떠났다는 거다. 임종이 가까우면 의식불명 상태가 오는데, 이분은 내가 며칠 전까지도 이야기를 나누었던 터라 텅 빈 침대가 황망하게 느껴졌다. 엄마의 인지 능력이 떨어져서 오히려 다행이라는 생각이 들었다. 정신이 온전했다면 곁에서 지켜보는 과정이 감당하기 힘들었을 것이다. 돌아가신 자리에는 금방 다른 중증 환자로 채워졌다.

예전에 숙이 할머니가 말했었다. 하반신이 불편한 할머니는 하루하루 생활이 너무 지겹고 힘들어 병원 옥상에 올라가 죽을 방법도 살펴봤다고 했다. 할머니를 보면서 차라리 치매 걸린 엄마 처지가 더 나아보였다. 몸은 불편하지만 의식은 또렷한 채 끝이 보이지 않는 요양병원 생활을 견디는 일은 그야말로 고역일 것이다.

죽음에 관한 관심이 어느 때보다 중요해진 시대다. 엄마가 아프신 후, 죽음에 관한 책과 유튜브를 살펴봤다. 웰다잉(Well-dying)에 관한 콘텐츠들이 많았다. 사람들은 임종의 순간, 가족에게 둘러싸여 마지막 인사를 나누길 원하지만, 현실은 낯선 치료 공간에서 기계 장치들을 단 채 죽음을 맞는다. 치료가 불가능한 경우 본인의 의사에 따르기보다는 가족과 병원이 결정하는 경우가 많다. 100세 시대를 맞이하면서 존엄한 죽음에 대한 화두가 활발히 논의되고 있다. 삶의 마지막을 편안하고 품위 있게 맞이하기 위해서는 의료진의 관찰뿐만 아니라 정서적 돌봄까지 포함되는 것이 중요하다. 무엇보다 곁에서 따뜻하게 지켜봐 주는 사람들이 필요하다. 누군가 내 곁에 있다는 사실만으로도 마음은 한결 편안해진다.

그래서 엄격히 통제되는 중환자실 보다는 호스피스 병동이 더 많아져야 한다. 이를 위해서는 현재 말기암 환자에게만 허용된 호스피스 병동의 법적 완화가 필요하다. 어떤 질병이든지 죽음을 앞둔 환자와 가족들이 편안하고 의미 있는 시간을 보낼 수 있는 환경이 마련되면 좋겠다.

예전 6인실의 할머니들이 엄마를 부러워하면서, 나 같

은 딸 하나 있으면 소원이 없겠다고 말했던 것이 생각났다. '우리 엄마는 좋겠다. 착한 딸이 있어서. 그것도 둘씩이나... 나도 나 같은 딸 하나 있으면 정말 좋겠다.'

따뜻한 말 한마디가 옳은 말을 이긴다

계엄이 선포됐던 2024년 12월 3일 밤이었다. 조카가 군대에서 전역을 하루 앞두고 마지막 밤을 보내고 있을 때, 나는 병원 간호사로부터 엄마의 폐렴이 재발했다는 소식을 들었다. 항생제를 투여하고 산소줄을 달았다고 했다. 가정도 나라도 난리가 났다.

병원에 도착하니, 엄마는 호흡이 가빠 보였다. 입이 크게 벌어져있고, 눈도 치뜨고 있어 불길한 예감이 들었다. 바이탈은 안정적이라고 했지만 염증 수치는 계속 오르고 있었다. 엄마는 정신없는 와중에도 신앙고백처럼 중얼거렸다.

"하나님은 참 사랑의 하나님이십니다. 하나님은 은혜가 풍성하신 하나님이십니다."
"우애 있게 사랑하며 살고, 멀리 떨어져 있어도 잘 살아라"

이 말이 유언처럼 느껴져 얼마 안 남았다는 생각에 눈물이 쏟아졌다. 일주일 뒤로 예정돼 있던 개발협력 심사 일정을 취소하고 밤을 새웠다.

주말에 오빠 가족과 언니가 내려왔다. 자녀가 와서인지 염증 수치가 조금씩 잡히기 시작했고, 언니와 오빠는 호전된 모습을 보고 각자 집으로 돌아갔다. 대부분의 증상이 좋아졌지만, 손과 발을 심하게 떠는 증상이 새롭게 나타났다. 파킨슨 증상인가 싶어 주치의한테 물었더니, 몸이 허약해지면 흔히 나타날 수 있는 반응이라며 며칠 지나면 괜찮아 질 테니 걱정하지 말라고 했다. 며칠 잔뜩 긴장했던 터라 쉽게 마음이 안정되지 않았다.

나는 불안하거나 마음이 어지러울 때면 청소를 한다. 청소는 마음을 안정시키는데 큰 도움이 된다. 아마도 예전에 감명 깊게 읽었던 책의 영향일 것이다.

어느 가정에 아버지가 갑자기 돌아가셨고 장례를 마치

고 집에 돌아온 가족들은 슬픔에 빠져 아무것도 할 수 없었다고 한다. 그때 어머니가 처음 한 일은, 빗자루를 들고 바닥을 쓰는 일이었다. 부드러운 빗자루 소리가 치유의 시작이었다고 훗날 자녀는 회상했다. 어머니가 늘 해오던 그 일상의 소리가 슬픔의 결을 어루만져 회복으로 이끈 것이다.

온 집안을 청소하다가 내친김에 옷장과 서랍장까지 다 덜어내서 정리했다. 나는 옷장에 옷이 가득 차 있으면 가슴이 답답해져서 한 번씩 정리해야 직성이 풀린다. 2년 동안 한번도 입지 않은 옷 중 깨끗한 옷은 '아름다운 가게'에 기증하고, 낡은 옷은 아파트 재활용 수거함에 버렸다. 엄마 옷은 그동안 조금씩 정리했는데도 서랍 속에는 아직도 많았다. 돌아가신 후 정리하려고 미뤄뒀는데, 손도 안 댄 새 옷을 보니 어려운 이웃들이 떠올랐다. 장례 후에 드리면 꺼림직할 수도 있어 미리 드리기로 했다. 언니가 사준 한번도 입지 않은 엄마의 겨울 외투와 내가 산 몇 벌의 옷을 혼자 사는 막내 이모에게 드렸다. 언니에게 무심코 말했더니 갑자기 불같이 화를 냈다. 엄마가 살아계시는데 엄마 옷을 묻지도 않고 주는 게 말이 되냐며 다그쳤다.

엄마는 어릴 때부터 가족을 위해 희생했는데도, 잘 사는 이모나 외삼촌이 우리가 어려울 때 도움 주지 않았던 것에 대해 서운함이 있었다. 엄마는 주로 편한 말 상대였던 맏딸 언니에게 이런 얘기를 털어놓았었다. 그 영향으로 언니는 그들에 대해 불편한 감정을 갖게 되었다. 더구나 혼자 사는 외할머니를 이모들과 외삼촌이 제대로 돌보지 않았고, 엄마는 언니가 보내주는 생활비로 외할머니의 난방비를 보태고, 값비싼 갈치를 사드리는 등 마지막까지 보살피자, 언니는 더 못마땅한 마음을 가질 수밖에 없었다. 엄마와 언니는 둘 다 맏딸 콤플렉스가 있어, 집안의 어려움을 짊어진 것에 대해 두 사람만이 통하는 상처가 있었던 것이다.

어쨌든 언니가 사준 비싼 옷을 묻지도 않고 줬으니 화낼 만도 하지만, 내 입장에서는 그게 그렇게까지 화낼 일인가 싶었다. 분통 터트리는 언니에게 화가 치밀어 결국 한바탕하고 말았다. 옛날 같았으면 한방에 찌그러졌을 텐데 이젠 화를 표현하며 살기로 작정한 터라 그냥 들이박았다. 언니는 엄마 물건에 절대 다시는 손대지 말라며, 돌아가신 후 자신이 직접 정리해서 처리하겠다고 했다. 언니의 워딩 중 나의 꼭지를 돌게 만드는 단어가 있는데 바로 '절대'와 '다시는'이다. 이 단어를 들을 때마다 거슬렸던 차에, 이번에 두 단어를 연거푸 쏟아내자 내가 폭발해버린 것이다.

언니는 내가 그동안 조금씩 엄마 물건을 정리하고 있는 것을 못마땅해했다. 그래서 돌아가신 후 한꺼번에 자기가 정리하겠다는 것이다. 하지만 언니는 모르는 것이 있다. 자기는 정리하면서 한차례 눈물 쏟고 서울로 올라가면 그만이다. 나는 물건이 하루아침에 정리된 그 텅 빈 공간 속에서 계속 살아야 한다. 지금도 엄마의 방을 볼 때마다 공허함을 느껴 힘이 드는데…

며칠 후 언니는 사과했고 알아서 하라며 모든 것을 내게 맡겼다. 언니는 옳고 그름이 분명할 뿐만 아니라, 이성적이고 논리적이다. 판단이나 결정을 할 때는 도움이 되지만, 감정이나 정서적인 부분과 연결될 때는 언니의 말이 상처가 될 때가 있다. 옳은 말임에도 불구하고 불편한 부분이 있는 것이다. 상처주지 않고 따뜻하게 옳은 말을 전할 수는 없을까? 따뜻한 말은 옳은 말을 이길 수 있을 것이다.

예전에 좋아했던 단어가 열정, 성실, 성장이라면 이젠 이런 단어가 더 좋아졌다. 공감, 이해, 응원, 따뜻함, 다정함…

러닝(Running)을 하니 러닝(Learning)이 된다

날씨가 따뜻해지면서 집 근처에는 보행기를 끌고 다니는 노인들이 부쩍 늘었다. 요즘 나오는 노인용 보행기는 가볍고 바퀴도 매끄럽게 잘 굴러간다. 10년 전에 구입한 엄마의 보행기는 무겁고 바퀴도 거칠었다. 그래도 엄마는 애지중지하며 오래 사용했다. 처음 구입해서 집으로 가져왔을 때, 너무 행복해하던 엄마의 모습이 아직도 눈에 선하다.

예전에는 보행기를 끌던 노인들을 보면 다 엄마 같아 보여, 짠한 마음에 뒤돌아 한참 바라보곤 했다. 하지만 엄마가 요양병원에 입원한 뒤로는 그런 노인들이 애처롭기보다 오히려 부럽다. 저렇게라도 거동할 수 있는 게 어디인가. 우리 엄마는 지금 침대에서 일어나 앉지도, 휠체어를 탈 수도 없는 처지라서 욕창 방지를 위해 자세를 계속 바꿔 줘야 한다. 휠체어도 목과 머리를 가눌 수 있어야 탈 수 있다는 사실도 알게 되었다.

직립보행은 인간에게 아주 중요하다. 자력으로 움직이고 걷는다는 것은 혼자 식사도 하고 대소변도 처리할 수 있다는 뜻이다. 병원과 보험공단에서도 신체 상태를 확인할 때 가장 먼저 '혼자 걸을 수 있는지'를 묻는다. 걷는 것만으로도 건강을 유지할 수 있다. 걷지 못하게 되면 대소변 처리가 어려워지고 곧 중병으로 이어진다. 내가 한동안 엄마에게 설거지를 시킨 이유도 바로 그 때문이다. 움직이기 싫어하는 엄마에게 설거지만큼 좋은 운동이 없었다. 잠시라도 서 있어야 하니 다리 근력을 조금이나마 유지할 수 있었던 거다.

엄마를 보면서, 신체의 모든 기능이 중요하지만, 그중에서도 다리가 무엇보다 소중하다는 생각이 들어 매일 저녁 체육공원에서 걸었다. 그곳에는 아침저녁으로 다양한 연령대의 사람들이 걷거나 뛰고 있었다. 중년층뿐 아니라 노인과 청년들도 꽤 많았다. 러닝복을 잘 차려입은 청년들이 '러닝 크루'라는 모임을 만들어 함께 뛰는 모습이 참 보기 좋았다. 처음에는 걷기만 하다가 어느 순간부터 나도 뛰기 시작했다.

작가 무라카미 하루키의 책 '달리기를 말할 때 내가 하고 싶은 이야기'를 읽다 보니 나도 달리고 싶은 욕구가 생겼다. 하루키 작가는 정기적으로 세계 각지의 마라톤 대회에 도전하는 것으로 유명하다. 흔히 글 쓰는 사람은 두뇌만 사용하는 직업이라고 생각하기 쉽지만, 그는 소설 쓰기와 달리기는 매우 비슷하다며 근력을 쌓고, 집중력을 기르며, 지속력을 증진하는 데 달리기만큼 좋은 게 없다고 했다. 그는 달리기를 자신을 단련하는 도구로 삼아 꾸준히 해온 덕분에, 힘든 글쓰기 작업을 묵묵히 버틸 수 있었다고 한다. 달리기가 그를 위대한 작가로 만든 셈이다.

나도 요즘 일주일에 세 번 정도 뛰고 있다. 처음부터 무리하지 않으려고 유튜브를 보면서 중년에 맞는 러닝을 찾아봤다. 그냥 나가서 뛰면 되는 줄 알았는데, 의외로 준비할 것이 많았다. 러닝복, 러닝화, 시계, 무릎 보호대, 헤어밴드뿐 아니라 준비 자세, 달리는 자세, 속도와 보폭, 마무리 스트레칭까지 뜀박질도 배울 것이 많았다. 젊을 때는 아무렇게나 뛰어도 될 텐데, 나이가 들면 무릎과 관절도 신경써야 해서 살도 빼고 근육도 만들어야 했다.

우선 1km부터 시작했다. 처음엔 숨이 가빠 죽을 것 같더니, 꾸준히 하다 보니 1시간을 뛰어도 호흡이 안정됐다. 무엇보다 좋은 점은, 복잡했던 생각과 감정이 달리는 동안 정리가 된다는 것이다. 과거의 후회나 미래의 불안보다 현재를 생각하게 되는데 이는 오직 자신의 호흡에만 집중할 수밖에 없기 때문이다.

또 규칙적인 호흡과 심장 박동은 마음을 고요하고 안정되게 만든다. '달리기 명상'이라는 말이 있을 정도로 평안을 준다. 오래 달리다 보면 끈기와 지구력도 길러진다. 힘들지만 포기하지 않고 완주했을 때의 기쁨은 이루 말할 수 없고, 성취감을 높이는 데 탁월하다. 단순히 달리는 것뿐인데도 이렇게 많은 것을 배우게 된다.

날이 좋아지면 우선 단거리 마라톤에 나가 보려고 한다.

같이 해 볼래요?

엄마의 오래된 발톱무좀

엄마는 평생 발톱무좀을 달고 살았다. 누구한테 옮았냐고 물었더니, 젊었을 때 아버지에게 옮았다며 평생을 이렇게 고생시킨다고 했다. 무좀균이 침투한 엄지발톱은 두껍고 누렇게 변색되어 있고, 새끼발톱은 얼핏 보면 보이지도 않을 만큼 작았다. 엄마는 그동안 무좀을 없애기 위해 여러 가지 방법을 시도했다. 약국에서 제일 좋다는 약도 몇 병을 사서 발랐고, 누가 식초로 무좀을 없앴다는 말을 듣고는 식초에 발을 담그기도 했다. 소금, 레몬, 소주도 사용했지만 낫는 듯하다가 다시 재발하기를 반복했다. 그만큼 발톱무좀은 완전히 뿌리뽑기 쉽지 않았다.

요양병원에 입원한 후, 2주에 한 번씩 손발톱을 깎아주고 있다. 그런데 이 엄지발톱 깎는 게 보통 어려운 게 아니었다. 발톱이 희한하게도 3층으로 겹겹이 쌓여 있어, 제일 큰 손톱깎이를 사서 최대한 벌려도 발톱이 들어가지 않았다. 나의 '생활의 지혜'를 총동원해, 손톱 다듬는 쇠줄로 갈아보기도 하고, 강아지용 발톱 가위를 사서 이리저리 잘라보기도 했는데, 잘릴 듯 안되는 약 올리는 상황이 꼭지를 돌게 만들었다. 내 언젠가는 기필코 해결하리라!

    일전에 수제 비누를 만들어 친구에게 하나 선물했더니 너무 좋다며 돈 줄 테니 많이 만들어달라고 했다. 수제 비누로 머리도 감고 샤워를 했더니 머리카락이 떡지는 것이 없어졌다고 했다. 예전 문화센터에서 배웠는데, 손이 많이 가긴 하지만 만드는 게 어렵지 않다. 비누 베이스를 녹여서 거기다 어성초 가루나 율무 가루 등 원하는 가루를 넣은 뒤, 글리세린과 비타민E 등을 섞은 후 마지막에 아로마 오일 몇 방울을 떨어뜨리고 틀에 부어 굳히면 완성된다.

    수제비누를 자주 만들다 보니, 집에는 늘 아로마 오일이 있었다. 라벤더나 오렌지는 에탄올에 섞어서 천연 향수 같이 썼고, 불안할 때는 향기 요법으로 사용하기도 했다. 코로나가 유행할 때는 불안감 해소와 항균을 위해 마스크 끝에다 뿌리기도 했다.

아로마 오일 중 티트리 오일은 화장품이나 샴푸 재료로 많이 쓰이고 있는데, 항염, 항바이러스 효과가 있다. 전쟁 중 부상병 치료에 쓰일 정도로 항균효과가 있다고 해서 혹시나 하는 마음에 바디 오일에 희석해 엄마 발톱에 한 방울씩 떨어뜨렸다. 별 기대하지 않고 병원에 갈 때마다 한 번씩 발랐는데, 며칠 전 발톱을 깎다가 화들짝 놀라고 말았다. 뿌리에서 건강한 발톱이 새롭게 올라오고 있는 것이었다. 두껍고 탁했던 누런 발톱 아래에서 건강한 새 발톱이 무좀균 발톱을 힘겹게 밀어내고 있었다. 아직 5미리 밖에 자라지 않았지만, 머지않아 저 꼴보기 싫은 균덩어리들은 깡그리 사라질 것이다. 병원 갈 때마다 엄마 발치에 쪼그리고 앉아서 손톱깎이에 두꺼운 발톱을 어떻게든 넣어보려고 씨름했었는데, 이젠 더 이상 애쓸 필요가 없어 속이 후련했다.

그런데 나는 왜 이렇게 엄마의 발톱 무좀에 집착하고 있는 걸까? 건강한 사람도 낫기 어려운 무좀인데, 하물며 병상에 누운 노인의 무좀을 낫게 하겠다는 이 집요함은 어디에서 나온 걸까?

　엄마의 발톱무좀은 엄마와 내게 오랫동안 달라붙어 떨쳐버리기 어려운 아픔 같은 것이다. 계속 떠오르게 만들어 고통을 주는 상처들... 그래서 빨리 없애버리고 싶은 거다. 다행히 엄마는 그 기억을 하나씩 지워가고 있지만, 나는 여전히 두껍고 탁한 기억들로부터 자유롭지 못하다.

　오늘도 병원에 가서 엄마의 발톱에 아로마 오일을 몇 방울 떨어뜨렸다. 새하얀 발톱이 제법 많이 자랐다. 끝이 보이고 있다.

나의 카리스마 요가 선생님

문화센터 미술반에서 연필로 연예인 얼굴을 데생하고 있었다. 바로 옆방은 요가반인데, 강사의 카랑카랑하고 똑부러지는 목소리가 예사롭지 않게 들렸다.

"오금 펴고, 대퇴부에 힘주고, 꼬리뼈를 천정에 지긋~이 밀어 올리고."

여군이나 조교 같은 군기가 바짝 들어 있는 목소리에 어떤 사람인지 호기심이 생겼다. 언젠가 한번 들여다봐야지 마음먹고 있었는데, 마침 화장실 가는 길에 뒷문이 살짝 열려 있었다. 60대 중후반쯤으로 보이는 여성이 앞에서 구령을 외치고 있었는데, 얼핏 보니 생각보다 작고 가냘픈 체구였다. 그런데 강사가 내가 있는 쪽으로 움직이자 근육질의 몸이 눈에 확 들어왔다. 민소매 티셔츠 밖으로 떡벌어진 어깨와 단단한 팔뚝이 장난이 아니었다. 어깨에는 작은 문신도 있었다.

'저 나이에도 멋진 근육이 가능하구나.'

뿜어져 나오는 카리스마에 압도당해, 빨리 요가를 배워야겠다며 데스크에 다음 달 수강신청을 했다.

10년 전이었나? 동네 요가학원에 다닌 적이 있었다. 요가를 처음 배우게 되어 큰 기대감을 안고 갔는데, 허스키한 목소리를 가진 무뚝뚝한 강사의 첫인상은 별로였다. 워낙 유연성이 없고 몸이 뻣뻣해서 좀 나긋나긋하고 싹싹한 사람이면 좋았을 것이다. 내 우려는 현실이 되고 말았다. 동작을 제대로 따라 하지 못하는 나를 향해 큰소리로 지적했다.

"거기 파란 옷 입으신 분, 안짱다리예요? 다리를 그렇게 하면 안 되죠."

순간 사람들의 시선이 내 다리에 쏠렸다. 나는 너무 당황해서 어찌할 바를 몰라 다음 동작을 허둥지둥 하고는 부리나케 나왔다. 수강료가 아까워 참고 몇 번 더 나갔지만, 결국 발길을 끊고 말았다. 3개월 등록하면 20% 할인해 준다는 꼬드김에 넘어가지 않은 게 천만다행이었다. 강사는 사람을 배려하는 태도가 부족했고, 성숙한 언어표현이 아쉬웠다.

이번에 등록한 문화센터 요가반에서는 마음 푹 놓고 배워도 될 것 같았다. 수강생 대부분이 육칠십대 할머니들이라 동작 따라 하는 데엔 부담이 없었다. 그래도 만만하게 보면 안 된다. 이분들은 10년 이상 꾸준히 요가를 해와서 나보다 훨씬 더 유연했다. 뻣뻣함이 조금씩 나아지고는 있지만 그몸 어디 가랴? 여전히 다리 쭉 뻗고 앉아서 팔을 뻗으면 손끝이 발끝에 닿질 않는다. 손을 뻗어 발을 감싸라는데 내 손은 발목 부근에서 바르르 떤다.

할머니반은 동작을 따라 하는 데는 부담이 없지만 확실한 단점도 있다. 그렇게 주의를 줬는데도 핸드폰이 여기저기서 울리기도 하고, 엉덩이를 들다가 가스를 뿡~ 시원하게 발사하거나, 트림을 꺼억~ 해대는 통에 분위기를 깨는 경우가 다반사다.

강사는 친절하지만 목소리만으로도 꼼짝달싹 못하게 하는 마력을 지녀 집중력 약한 노인들을 휘어잡았다. 동작도 그냥 따라 하게 하는 게 아니라 이 동작은 이두박근을 강화하고 저건 서혜부 강화에 좋다며 세세한 설명을 덧붙였다.

요가반에는 여든이 넘은 최고령 할머니가 있는데, 항상 요가 매트를 어디 두었는지 몰라 헤매거나, 동작도 제대로 따라 하지 못해 진행이 끊어지기도 했다. 보다 못한 강사는 요가매트를 본인이 보관하면서 올 때마다 챙겨주었고, 어려운 동작을 따라하지 못할 때는 그 할머니에게 따로 쉬운 자세를 가르쳐 주었다.

수강생들이 강사를 좋아하는 이유는 바로 이런 세심한 배려와 몸에 밴 친절함 때문이다. 가끔은 오래 버텨야 하는 동작을 할 때면, 재미있는 에피소드도 곁들였다. 강사의 어머니는 아흔 살이 곧 다가오는데, 어떻게든 어머니의 근육강화를 위해 운동시키려고 하면 콧방귀를 뀌면서 이렇게 말한다고 한다.

"야, 다 필요 없다. 병원 가면 물리치료실에서 뜻뜻하게 마사지해주고, 좋은 건 다 해주는데 말라꼬 힘들게 운동하노?"

또 한 번은 단골 한의원에 갔더니 의사가 농담 삼아 이렇게 말했다.

"어머님, 혼자 살면서 자식들 걱정 자꾸 시키지 말고, 요새 시설 좋은 요양원도 많으니까 거기서 편안하게 계세요."

말이 끝나기 무섭게 그 할머니는 이렇게 대꾸했다고 한다.

"요양원? 그래 좋으면 니나 가라."

한쪽 다리로 균형을 잡고 애써 버티고 있다가, 이 한마디에 다들 쓰러져 버렸다.

이렇게 요가 강사의 에피소드 단골 메뉴였던 어머니는 안타깝게도 얼마 전 집에서 넘어져 갑작스럽게 세상을 떠났다. 임종도 보지 못한 강사는 울컥하는 감정을 애써 누르며 이렇게 말했다.

"이런 마음 처음이예요. 5월이 다가오니까 진짜 힘드네요. 고아 같은 마음이... 이젠 카네이션도 못 달아드리고, 좋아하던 삼계탕도 못 해드리고, 좀 더 잘해 드리지 못한 게 후회가... "

목이 메는지 말끝을 흐렸다. '엄마가 안 계시면 저런 마음이겠구나.' 가슴이 먹먹해졌다. 아버지가 돌아가신 뒤로 어버이날이 오면 마음이 편치 않았다. 친구들은 카네이션을 두 송이씩 사는데, 나는 달랑 한 송이만 샀기 때문이다. 그런데 그 한 송이마저 살 수 없는 날이 오면, 그땐 어떤 심정일까? 생각만 해도 마음이 아렸다.

강사는 마지막 정리 자세에서 두 손을 무릎에 올려놓고 조용히 말했다.

> "나는 과거로 돌아가고 싶은 생각을 한 번도 해본 적이 없는데, 요즘은 그냥 딱 10분만 과거로 돌아가고 싶어요. 내게 10분이 주어진다면 다른 건 다 필요 없고, 그냥 엄마 얼굴을 두 손으로 가만히 감싸드리고 싶어요. 그거면 충분해요."

그 말을 듣자, 가슴 깊은 곳에서 뜨거운 것이 솟아올랐다. 다음날, 병원에 가자마자 두 손으로 엄마 얼굴을 감싸고 한참 들여다봤다. 엄마는 처음엔 살짝 미소를 짓다가 내가 계속 그러고 있으니까, 얼굴에 모든 주름을 잔뜩 지우면서 인상을 썼다. 엄마가 내게 무슨 말을 하고 싶은지 알 것 같았다.

"야가 와이카노~"

개발협력 프리랜서

나이는 점점 들어가고, 모아둔 퇴직금은 조금씩 사라지고 있었다. 간병 때문에 풀타임 일은 엄두도 내지 못하고, 집 근처에서 할 수 있는 알바라도 구해보려고 거북목이 될 정도로 휴대폰을 들여다봤지만 쉽지 않았다. 틈틈이 영어를 가르치고, 번역일도 해봤지만 생계에 도움이 되지 못했다. 친구들은 "우리 나이에 할 수 있는 건 학력 불문하고 식당 설거지나 택배 알바뿐이야."라며 현실적인 조언을 했다.

엄마가 요양병원에 입원하면서 매달 나가는 병원비가 부담이 되어 본격적으로 일자리를 알아보았다. 하지만 중년의 경력단절 여성을 받아줄 만한 곳은 좀처럼 없었다. 게다가 직장에 다니던 친구들은 하나둘 명퇴를 하고 있었다. 시간적 여유가 생겨도 일할 곳 없는 현실이 암울했다.

그러던 어느 날, 몇몇 대학의 국제개발 관련 학과에서 특강 요청이 들어왔다. 코로나가 발생한 바로 그날 내 책,

'천진난만 국제개발'이 출간되어 운이 없었다고 생각했는데, 나의 책을 읽은 교수님들이 출판사를 통해 연락을 준 것이다. 운이 없는 게 아니었다.

대학생들과 마주해 강의하는 시간은 늘 설레고 즐겁다. 현장을 떠난 지 꽤 되었지만, 강단에 서면 잠자고 있던 열정이 깨어나 다시 현장으로 돌아간 듯 생기가 돈다. 영락없는 개발협력 활동가다.

한시간 반 동안 이어진 강의 내내 학생들은 졸거나 휴대폰을 만지작거리는 일 없이 초롱초롱한 눈빛으로 집중했다. Q&A 시간에는 기다렸다는 듯 질문이 쏟아졌다. 휴학하고 봉사단원으로 가는 방법, 활동가가 되려면 영어 수준은 어느 정도여야 하는지 등 질문 속에는 미래에 대한 고민과 기대가 담겨 있었다. 이들의 열정이 해외 현장으로 이어져 꿈을 마음껏 펼쳐 나가길 바래본다.

학교 특강 이후에는 다른 기관에서 개발협력 분야의 컨

설팅과 평가 의뢰가 들어왔다. 나는 현장에서 직접 부딪히며 일하는 걸 선호하지만, 조직 진단이나 컨설팅도 적성에 맞았다. 해외사업 기관들을 방문해서 이야기를 나누는 것만으로도 즐거움이었다. 어려움과 고충을 나누고 함께 해결책을 찾아가는 시간은 보람되면서도 새로운 배움의 장이었다.

 기관들을 방문할 때면, 규모나 종교적 배경과 상관없이 숙연해지고 존경심이 일었다. 후원자 수가 줄고 모금이 어려운 시기에도 해외 오지의 가난한 이웃을 돕기 위해 애쓰는 모습에서 순수한 열정과 신념이 느껴졌다. 낮은 임금에도 불구하고 이 일을 계속하는 이유는 무엇일까. 의미와 가치, 보람된 삶에 대한 갈망이 다른 현실적인 조건을 뛰어넘기 때문은 아닐까 조심스레 헤아려본다.

 하지만, 막상 순수한 마음과 열정으로 뛰어들었다가 상처받고 떠난 이들도 적지 않다. 여러가지 이유가 있겠지만, 헌신과 희생을 당연시하는 조직문화와 풍토가 한몫 했을 것이라 짐작된다. 헌신을 당연한 의무로 여기면 권리가 소홀해지고, 가난한 사람들의 존엄을 위해 일하면서 정작 자신의 존엄을 잃어버리는 역설이 생길 수 있기 때문이다. 비록 많은 활동가들이 현장을 떠났어도, 그들이 흘린 땀과 눈물, 수고는 밑거름이 되어 지금도 현장에서 영향을 미치고 있을 것이다. 한때 열심히 달렸던 그들의 노력이 모여 더 나은 세상을 만들어가고 있다고 믿는다. 세상은 드러나지 않고, 알아주지 않는 수많은 사람들에 의해 유지되고 있는 것이다.

강의와 컨설팅, 조직평가 일을 해보니, 과거의 경험이 많은 도움이 되었다. 공무원 때 배운 행정 프로세스와 대민업무 기술은 해외사업에서 행정 시스템을 만들고 직원들을 교육하는데 유용하게 사용되었다. NGO 기관의 자율성과 탄력적인 환경속에서 교육개발과 보건, 주민소득증대사업 등 다양한 프로그램을 시도한 경험은 컨설팅에 많은 도움이 되었다. 특히 개발도상국에서의 경험은 나의 신념과 가치관에 영향을 끼쳤다.

사업현장은 주로 빈곤과 질병, 죽음이 일상인 곳이 대부분이었다. 처음엔 원대한 꿈을 안고 세상을 변화시키는 데 일조하려 했으나, 내가 아무리 노력해도 단번에 가난을 없애거나 구조를 바꾸기가 어렵다는 것을 깨달아야 했다. 또한 언어와 문화, 제도적 장벽, 예측할 수 없는 돌발변수 앞에서 절망하며 수없이 눈물을 흘렸다. 하지만 이런 실패의 시간들이 쌓여 의미 있는 변화가 서서히 이루어졌다. 나의 좌절과 실패의 경험담은 컨설팅을 하면서 해외사업을 진단하고 피드백을 줄 때 큰 자산이 되었다.

일상은 생각보다 다채롭다

요즘 일주일에 한 번씩 병원에 들른다.

나 : "엄마, 내 이름이 뭐야?"
엄마 : "모르겠는데"
나 : "아니, 막내딸 이름도 몰라? 그럼 큰딸 이름은?"
엄마 : (고개를 젓는다)
나 : "그럼 남편 이름은 뭐야?"
엄마 : "손0하"
나 : "그럼 아들 이름은?"
엄마 : "손0욱"
나 : "우째 남자들 이름만 기억하노? 고생하는 딸들은 와 다 까묵었노?"
엄마 : "늙으면 다~ 그렇다. 니도 늙어봐라."

며칠 후, 서울언니가 내려왔다. 엄마가 오빠 이름만 기억해서 섭섭했던지, 엄마에게 자신을 각인시키려 애쓰고 있다. 정작 엄마는 무표정하게 입을 꾹 다문 채 아무 말이 없다.

　　언니 : "엄마, 나 알아보겠어?"
　　엄마 : (고개만 끄덕인다.)
　　언니 : "그럼, 김O진이 누구야?"
　　엄마 : (침묵)
　　언니 : "누군지 모르겠나?"
　　엄마 : (고개를 끄덕인다)
　　언니 : (페이스톡을 열며) "여기에 어떤 남자가 나올 거야. 누군지 알아 맞혀 봐."
　　형부 : (우렁찬 목소리로) "장모님~ 서울 김서방입니다."
　　엄마 : (갑자기 눈에서 광채가 나며) "하이고~ 자네 수고가 많네~"

　언니가 다녀간 후 병원에서 내가 다시 물었다.
　나 : "엄마, 내가 누구야?"

엄마 : "니? 막내딸. 그것도 모르면 죽을 때가 다 된 거지."

나 : "남편 이름은?"

엄마 : "남편 이름도 모르까 봐. 얼마나 잘생겼는데, 어깨도 떡 벌어지고 체구도 좋다."

나 : "아빠 얼굴은 생각나?"

엄마 : "하도 오래돼서 가물가물하다. 우째 그래 건강하던 사람이 먼저 가뿐는고 모르겠다."

나 : "엄마가 애 많이 먹였나 보네."

엄마 : "뭐라카노? 얼마나 사랑했는데. 사랑했으니까 서로 존칭을 썼지. 그런 사람 어데 있더노?"

지난주에는 딸 이름도 몰라 섭섭하다고 했는데, 오늘은 병원에 입원한 날 중 최상의 컨디션을 보이고 있다. 정신이 맑고 또렷하다.

병원에 가서 엄마를 부르면, 대개는 눈으로만 한번 웃고는 입술에 힘을 주어 꼭 다물어버린다. 내가 무슨 말을 물으면 귀찮다는 듯 눈까지 감아버리곤 한다. 그런데 오늘은 웬일인지, 내 질문에 곧잘 대답을 했다. 마치 집에 있을 때의 모습으로 돌아온 듯했다. 엄마에게 왜 이렇게 컨디션 좋냐고 물었더니, 옆 침대의 할아버지가 대뜸 엄마 대신 대답했다.

"그리스도가 함께 하시니 좋아졌죠."

혹시 교회 다니냐고 물었더니 그렇다고 했다. 평소 말씀도 없고 점잖아서 흠칫 놀랐다. 할아버지는 내성균에서 회복되어 일반실로 옮겨야 하는데도 이 격리실에서 나가기 싫다며 화까지 냈다고 한다. 중증 병실에 있기에는 다소 건강해 보였다. 하체가 불편하지만 천천히 걷기도 하고, 모든 식기를 싹 비울 정도로 식사를 잘해서 내가 퇴원하셔도 되겠다고 말했을 정도다.

내성균 환자와 가족들은 하루라도 빨리 나아서 일반실로 옮기길 원하는데, 할아버지는 계속 이 중증 병실의 엄마 옆 침대를 사수하려 했다. 내성균을 이해 못 한 것인지, 조용한 엄마 옆이 편해서인지, 아니면 혹시 엄마가 좋아서(?) 인지도. 대략 15년 정도 연하처럼 보여 부담스럽기는 하다.

엄마를 이동용 침대에 눕혀 병원 공동 목욕실로 옮겨 옷을 벗기는데 앙상한 뼈만 드러나 짠하다. 하루에 먹는 거라곤 콧줄을 통해 작은 뉴케어 3개가 전부여서 살이 계속 빠질 수 밖에 없다. 그래도 씻을 수 있는 컨디션이라는 게 감사하다. 엄마 병실에는 바로 옆 목욕실로도 이동이 어려운 환자들이 있기 때문이다.

요양병원에 입원한 지 1년 반이 지났다. 그간 폐렴이 여러 차례 와서 위기가 있었음에도 엄마는 고비를 잘 넘겼다. 입원할 때 상태가 워낙 좋지 않아 6개월을 넘길 수 있을까 걱정했었다. 요양병원에 들어가면 보통 6개월 내에 돌아가신다는 말을 들었기 때문이다. 여기서 일한 지 10년이 넘은 엄마병실 베테랑 간병사에게 이 말을 전했더니,

"이 요양병원에는 5년 넘게 입원한 사람들이 수두룩하다."며 말도 안 된다는 듯 웃었다.

 오늘도 병원을 나서기 전, 엄마와 병실 환자들을 위해, 간병사와 의료진들을 위해 기도한다. 나야 병원을 나오면 그만이지만, 그들은 요양병원 특유의 냄새 속에서 늘 긴장을 늦추지 않은 채 생활하고 있다. 영양가는 있으나 밍밍한 병원밥을 그것도 편하게 먹지도 못하면서 일한다. 돈을 아무리 많이 줘도 나는 그 일을 못할 것 같다.

 나의 마지막 멘트는 늘 똑같다. 엄마 얼굴을 감싸고 이렇게 말한다.

 "엄마, 사랑하고 축복합니다. 존경합니다. 평안하세요."

 병원 갔다 오는 길이면 착잡하고 힘이 풀려 휘청휘청 걷는데, 오늘만큼은 발걸음이 가볍다. 노래도 흥얼흥얼 거린다. 혼자 지내면서 끼니도 대충 때우고 있었는데, 오늘

저녁에는 맛있는 요리를 해서 먹어야겠다. 근데 뭘 해 먹지? 엄마 레시피의 기억을 더듬어 무와 양배추가 듬뿍 들어간 얼큰 국물떡볶이를 해볼까? 먹으면 기분이 좋아지는, 나의 소울푸드다.

감사하며

나는 개발협력 컨설팅을 하면서 간병과 서로 비슷한 부분을 발견했다. 둘 다 빈곤과 질병이라는 삶의 근본을 다루고 있었고, 인간이 인간답게 살아갈 수 있는 최소한의 조건인 '인간의 존엄'을 지켜내는 일이었다. 결국 두 여정은 사람을 소중히 여기는 '사랑'의 다른 이름이었으며, 세계를 향한 일이면서 동시에 내 삶과 가족을 위한 일이기도 했다.

나는 해외 개발 현장이든 간병이든 본질적으로 같은 선상에서 쉼 없이 걸어온 셈이었다. 그동안 나는 간병으로 인해 내 시간과 삶이 마냥 소진되고 있는 줄 알았는데, 이런 깨달음은 내 인생을 새롭게 바라볼 수 있는 계기가 되었다.

아무리 멘탈이 강한 사람이라도 오랜 시간 간병하다 보면 대부분 비슷한 상태가 될 것이다. 단조로운 일상에서 오는 무기력, 자유의 박탈로 인한 고립감에 자주 휩싸인다. 또한 끝을 알 수 없기에 불안과 우울, 분노와 죄책감에 시달린다. 나도 일상 속에서 무너지지 않고 잘 버티는 것이 매일의 고민이었다. 간병은 육체노동이면서 정신노동이라 할 수 있다. 엄마에게 온 정신을 쏟다 보니, 내 정신을 지지해 줄 공급원이 필요했다.

그동안 기도와 명상, 운동과 취미생활을 꾸준히 해 왔다. 독서 또한 좋은 방법이었다. 주로 집이라는 한정된 공간에 머물러야 했기에, 좁아진 시야를 외부 세계와 연결해주고, 시대 흐름과 삶의 정보를 얻는데는 책읽기 만큼 좋은 것도 없었다.

읽다 보니 나도 쓰기 시작했다. 일상을 글에 담으며, 내 속에서 나를 공격하던 온갖 감정들을 노트북 키보드를 두드리며 토해냈다. 감정이 나이 두뇌를 거져 활자로 표현되면서, 해일처럼 출렁이던 감정은 조금씩 가라앉았다.

그동안 써온 글들을 정제하다 보면, 다시 예전의 감정이 올라와 울컥거리기도 했다. 그래도 글을 여러 번 수정하면서, 힘든 기억이 담긴 내용도 이제는 편히 마주할 수 있게 되었다. 글을 고치는 일은 단순히 문장만 다듬는 것이 아니라, 과거의 감정을 치유하는 과정이기도 했다. 마치 물리치료나 마사지를 받을 때 느끼는, 시원한 통증과도 같았다. 이렇듯 내 삶의 자취가 한 권의 책으로 세상에 드러나는 것이 어쩐지 부끄럽지만, 분명 값진 경험임에 틀림없다.

엄마는 여전히 투병 중이다. 엄마가 여태 살아계신 건, 어쩌면 내가 엄마의 삶에서 아직 배우고 깨달아야 할 부분이 남아 있기 때문인지도 모른다. 우리는 삶이 다할 때까지 계속 배워야 한다.

내가 아무리 간병을 잘해도, 치매는 점점 엄마의 기억을 잃게 할 것이다. 하지만 엄마는 더 이상 기억을 담아놓지 않아도 괜찮다. 오랜 세월 켜켜이 쌓아 두었던 기억의 무게를 이제는 홀가분하게 내려놓아도 된다.

나도 굳이 사라져 가는 엄마의 기억을 애써 붙잡을 필요가 없다. 내가 기억하고 있으면 된다. 나는 아름다웠던 것만 기억하고 싶다.

인간관계가 넓지 않음에도, 문득 둘러보니 꽤 많은 분들이 지지와 격려, 위로와 도움을 주었다. 그 천사들의 도움으로 지금까지 버틸 수 있었다. 오빠네 가족과 언니 가족, 이웃과 지인들, 선후배와 친구들, 그 외 기억나지 않아도 가까이에서 혹은 멀리서 존재하며 영향을 주었던 모든 이들에게 감사드린다.

간병의 짐을 홀로 진 이들과 마음을 나누며...
이 책을 병상에 있는 엄마에게 바친다.
엄마, 감사합니다. 사랑합니다.

2025년 대구에서 막내딸